우리말
어휘력을
키워주는

국어 속 한자 II

하루 한 장의 기적

안재윤 지음

동양북스

1日	2日	3日	4日	5日	6日	7日	8日	9日	10日
天(천)	地(지)	海(해)	江(강)	川(천)	電(전)	氣(기)	自(자)	然(연)	方(방)
__월__일	__월__일	__월__일	__월__일	__월__일	__월__일	__월__일	__월__일	__월__일	__월__일

11日	12日	13日	14日	15日	16日	17日	18日	19日	20日
平(평)	命(명)	便(편, 변)	安(안)	心(심)	漢(한)	字(자)	文(문)	語(어)	話(화)
__월__일	__월__일	__월__일	__월__일	__월__일	__월__일	__월__일	__월__일	__월__일	__월__일

21日	22日	23日	24日	25日	26日	27日	28日	29日	30日
春(춘)	夏(하)	秋(추)	冬(동)	夕(석)	午(오)	前(전)	後(후)	面(면)	內(내)
__월__일	__월__일	__월__일	__월__일	__월__일	__월__일	__월__일	__월__일	__월__일	__월__일

31日	32日	33日	34日	35日	36日	37日	38日	39日	40日
正(정)	邑(읍)	直(직)	立(립)	休(휴)	紙(지)	色(색)	登(등)	住(주)	主(주)
__월__일	__월__일	__월__일	__월__일	__월__일	__월__일	__월__일	__월__일	__월__일	__월__일

41日	42日	43日	44日	45日	46日	47日	48日	49日	50日
出(출)	入(입)	活(활)	力(력)	重(중)	全(전)	花(화)	草(초)	育(육)	不(불)
__월__일	__월__일	__월__일	__월__일	__월__일	__월__일	__월__일	__월__일	__월__일	__월__일

51日	52日	53日	54日	55日	56日	57日	58日	59日	60日
飮(음)	綠(록)	米(미)	身(신)	體(체)	代(대)	醫(의)	藥(약)	病(병)	死(사)
__월__일	__월__일	__월__일	__월__일	__월__일	__월__일	__월__일	__월__일	__월__일	__월__일

61日	62日	63日	64日	65日	66日	67日	68日	69日	70日
圖(도)	形(형)	角(각)	章(장)	度(도, 탁)	球(구)	多(다)	幸(행)	頭(두)	意(의)
__월__일	__월__일	__월__일	__월__일	__월__일	__월__일	__월__일	__월__일	__월__일	__월__일

71日	72日	73日	74日	75日	76日	77日	78日	79日	80日
向(향)	注(주)	油(유)	石(석)	定(정)	科(과)	目(목)	題(제)	溫(온)	消(소)
__월__일	__월__일	__월__일	__월__일	__월__일	__월__일	__월__일	__월__일	__월__일	__월__일

81日	82日	83日	84日	85日	86日	87日	88日	89日	90日
區(구)	分(분)	明(명)	野(야)	淸(청)	英(영)	特(특)	別(별)	各(각)	界(계)
__월__일	__월__일	__월__일	__월__일	__월__일	__월__일	__월__일	__월__일	__월__일	__월__일

91日	92日	93日	94日	95日	96日	97日	98日	99日	100日
部(부)	族(족)	班(반)	理(리)	由(유)	新(신)	聞(문)	公(공)	共(공)	感(감)
__월__일	__월__일	__월__일	__월__일	__월__일	__월__일	__월__일	__월__일	__월__일	__월__일

국어가 어려워요.

영어나 수학도 중요한 과목이지만 국어보다 중요하지는 않습니다. 모든 교과 학습은 우리 말, 곧 국어로 이루어지기 때문입니다. 국어를 도구 과목이라고 부르는 것도 그래서입니다. 땅을 일굴 때도 어떤 도구를 쓰느냐에 따라 결과가 달라집니다. 호미보다는 삽이, 삽보다는 포클레인을 써야 시간은 줄이면서도 더 큰 성과를 거둘 수 있습니다.

학년이 올라갈수록 학습을 위한 도구, 즉 국어 실력을 점검하고 취약한 부분을 보완해야 점점 높아지는 학습 수준을 소화할 수 있습니다. 국어 공부가 어렵다고 호소하는 고학년이 많은 것은 일상 대화에서 쓰는 입말과 문자로 나타내는 글말의 수준이 점차 벌어지고 있기 때문입니다. 특히 글을 읽고 이해하는 게 어렵게 느껴지는 이유는 대부분 부족한 어휘력 탓입니다. 알고 있는 어휘보다 한 단계 이상 높은 수준의 어휘로 이루어진 글을 접하면 공부에 어려움을 겪을 수밖에 없습니다.

왜 한자를 공부해야 하나요?

우리가 사용하는 어휘 중 한자어가 약 70%를 차지합니다. 게다가 학습에 필요한 어휘는 추상적인 사고를 나타내는 개념어가 주를 이루는데, 이 개념어의 90% 이상이 바로 한자어입니다. 따라서 학습 능력의 발전은 어휘력, 즉 한자어를 이해하는 능력에 달려 있다고 할 수 있습니다. 한자를 바탕으로 만들어진 말인 한자어는 개별 한자의 뜻과 결합 방식에 따라 그 의미가 결정됩니다. 한자어 학습도 이 같은 한자의 확장성을 최대한 활용해야 학습 효과를 더욱 높일 수 있습니다.

국어를 잘하고 싶어요.

『국어 속 한자』에는 이 같은 한자의 성격을 십분 활용한 다양한 학습법이 담겨 있습니다. 개별 한자의 뜻을 기초로 한자어를 풀이하며 익히고, 문장과 글이라는 문맥 안에서 한자어의 쓰임새를 공부하다 보면 한자뿐 아니라 국어도 더는 어렵게 느껴지지 않을 것입니다. 어휘력이 늘면 단어 뜻을 생각하는 데 오랜 시간을 들일 필요가 없으니 독해력도 늘 뿐 아니라 풍부한 어휘를 구사할 수 있게 돼 글쓰기 실력도 향상됩니다. 더도 말고 덜도 말고 하루에 한 자씩, 꾸준히 익혀 나가세요.

너른 고을 와유재에서
안재윤

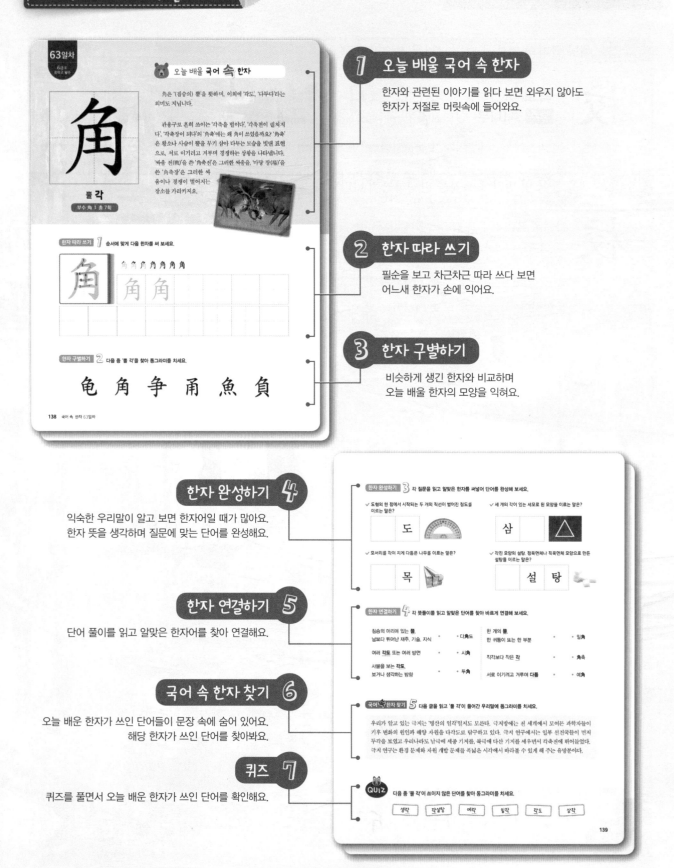

1 오늘 배울 국어 속 한자

한자와 관련된 이야기를 읽다 보면 외우지 않아도
한자가 저절로 머릿속에 들어와요.

2 한자 따라 쓰기

필순을 보고 차근차근 따라 쓰다 보면
어느새 한자가 손에 익어요.

3 한자 구별하기

비슷하게 생긴 한자와 비교하며
오늘 배울 한자의 모양을 익혀요.

4 한자 완성하기

익숙한 우리말이 알고 보면 한자어일 때가 많아요.
한자 뜻을 생각하며 질문에 맞는 단어를 완성해요.

5 한자 연결하기

단어 풀이를 읽고 알맞은 한자어를 찾아 연결해요.

6 국어 속 한자 찾기

오늘 배운 한자가 쓰인 단어들이 문장 속에 숨어 있어요.
해당 한자가 쓰인 단어를 찾아봐요.

7 퀴즈

퀴즈를 풀면서 오늘 배운 한자가 쓰인 단어를 확인해요.

* 한자 급수 시험을 시행하는 주요 기관에서 선정한 급수 한자를 기준으로, 7급 50자와 6급 50자로 구성하였습니다.

부수 ▷ 해당 글자의 기본이 되는 글자를 부수라고 해요.

校 **학교 교**
부수 木(나무 목)

生 **날 생**
부수 生(날 생)

• 이처럼 한자 자체가 부수인 글자를 '**제부수**'라고 해요.

획수 ▷ 펜을 들어 몇 번만에 글자를 완성하는지 나타낸 수를 획수라고 해요.

校 **총 10획**

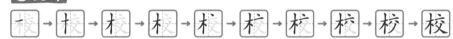

필순 ▷ 한자를 쓰는 순서를 필순이라고 해요. 아래 아홉가지 쓰는 규칙을 익혀보세요.

① 위에서 아래로 쓰기

二 → 三 → 三

② 왼쪽에서 오른쪽으로 쓰기

丿 → 川 → 川

③ 가로획과 세로획이 교차될 땐 가로획부터 쓰기

一 → 十

④ 좌우 모양이 같을 땐 가운데 획 먼저 쓰기

亅 → 小 → 小

⑤ 좌우 구조일 경우 왼쪽에서 오른쪽으로 쓰기

⑥ 안쪽과 바깥쪽이 있을 땐 바깥쪽 먼저 쓰기

丨 → 冂 → 冂 → 四 → 四

⑦ 글자 가운데를 관통하는 세로획은 나중에 쓰기

⑧ 점은 나중에 찍기

一 → 寸 → 寸

⑨ 받침은 나중에 쓰기

우리말
어휘력을 키워주는

국어 속 한자 II

하늘 천

부수 大 | 총 4획

 오늘 배울 **국어 속 한자**

天은 '하늘'을 뜻하며, 이외에 '타고난 성격이나 성품(천성)', '우주에 존재하는 모든 것(천체)'이라는 의미도 지닙니다.

'지붕 안쪽에 설치한 덮개'를 가리키는 '天장'에는 왜 天을 쓸까요? '장(障)'은 '(가로)막다'라는 의미로, '하늘을 가로막은 것', 즉 하세로 뚫린 위쪽을 막는 구조물이기 때문이지요.

'개天절'은 우리나라 최초의 국가인 고조선 건국을 기념하는 날입니다. 단군신화에 따르면 하늘의 왕 환인의 아들 환웅이 하늘에서 내려와 도시를 세우고 그의 아들 단군이 조선을 건국한 것으로 전해집니다. '하늘이 열린 날'부터 한민족의 역사가 시작된 것이지요.

한자 따라 쓰기 1 순서에 맞게 다음 한자를 써 보세요.

天 天 天 天

天	天					

한자 구별하기 2 다음 중 '하늘 천'을 찾아 동그라미를 치세요.

未　夫　天　末　矢　元

✔ 하늘에서 내려온 심부름꾼 또는 선량한 사람을
비유적으로 이르는 말은?

	사

✔ 태어날 때부터 남들보다 뛰어난 재능을 가진 사람을 이르는 말은?

	재

✔ 비바람이나 볕을 막기 위해 네 기둥을 세우고
천을 씌워 막처럼 지어 놓은 것을 이르는 말은?

	막

✔ 홍수, 지진, 태풍 등 자연의 변화로 인해 일어나는 재앙을 뜻하는 말은?

	재	지	변

한자 연결하기 **4** 각 뜻풀이를 읽고 알맞은 단어를 찾아 바르게 연결해 보세요.

본래 **타고난 성격**   •   • 天벌

하늘이 내리는 큰 벌   •   • 天성

하늘과 땅   •   • 天지

하늘로부터 타고남
또는 그 **타고난** 바탕   •   • 天국

우주에 있는 모든 물체,
행성·성운·인공위성 등을 통틀어 말함   •   • 天체

하늘나라 또는 어떤 제약도
받지 않는 자유롭고 편안한 곳   •   • 天생

국어 속 한자 찾기 **5** 다음 글을 읽고 '하늘 천'이 들어간 우리말에 동그라미를 치세요.

예로부터 사람들은 하늘이 거스를 수 없는 신성한 힘을 가졌다고 믿었다. 천국, 천사, 천벌은 이처럼
하늘을 우러르던 옛사람들의 믿음이 깃든 말이다. 우주 탐사를 통해 천체를 관찰하고 연구하는 과학
의 시대에도 이러한 사고는 종교라는 형태로 바뀌어 여전히 인간의 삶에 영향을 미치고 있다.

QUIZ   다음 중 '하늘 천'이 쓰이지 않은 단어를 찾아 동그라미를 치세요.

천생   천체   천지   하천   천벌   천막

오늘 배울 국어 속 한자

땅 지
부수 土 | 총 6획

地는 '땅'을 뜻합니다. '신분이나 형편에 따라 사람이 서 있는 땅이 다르다'라는 의미에서 '신분', '형편'을 뜻하기도 하지요.

'(처해)있다'라는 의미의 '처(處)'가 쓰인 '처地'는 '지금 (처해)있는 형편'을 뜻합니다. 일상 속 표현 중에 "입장을 바꿔서 생각해봐."에서처럼 '처지'라는 말 대신 '입장'이 자주 쓰이는데, 이는 일본식 표현이므로 '처地', '형편'으로 바꿔 쓰는 게 바람직합니다.

한자 따라 쓰기 **1** 순서에 맞게 다음 한자를 써 보세요.

地 地 地 地 地 地

地	地				

한자 구별하기 **2** 다음 중 '땅 지'를 찾아 동그라미를 치세요.

坦　块　他　池　地　此

✔ 지구 표면을 일정한 비율로 줄여서 평면상에 나타낸 그림을 이르는 말은?

	도	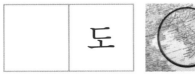

✔ 태양에서 세 번째로 가까운 행성으로, 현재 인류가 살고 있는 천체를 이르는 말은?

	구	

✔ 땅이 일정한 기간 동안 갑자기 흔들리고 움직이는 현상을 이르는 말은?

	진	

✔ 사람의 생활과 활동에 이용하는 땅을 뜻하는 말은?

토		

한자 연결하기 **4** 각 뜻풀이를 읽고 알맞은 단어를 찾아 바르게 연결해 보세요.

공중에서 **땅**으로 내림
또는 그런 곳 • • 평地

바닥이 평평하고 넓은 **땅** • • 착地

사회적 **신분**에 따른 위치나 자리 • • 地위

남은 **땅**, 어떤 일이 일어날
가능성이나 희망 • • 여地

물이 있는 곳을 제외한 **땅** • • 오地

해안이나 도시에서 멀리 떨어진
내륙 깊숙한 곳에 있는 **땅** • • 육地

국어 속 한자 찾기 **5** 다음 글을 읽고 '땅 지'가 들어간 우리말에 동그라미를 치세요.

고대 중국인들은 '하늘은 둥글고 땅은 네모나다'고 생각했다. 그래서 옛 지도를 보면 네모나게 그린 육지에 산과 강이 있고, 육지를 제외한 나머지는 바다가 그려져 있다. 태양도 동쪽 평지 끝에 있는 바다에서 뜨고 서쪽 산 끝에 있는 바다로 진다고 믿었다. 한편 고대 그리스인들은 공처럼 둥근 땅인 지구가 우주의 중심에 있고 해와 달을 비롯한 천체가 지구의 둘레를 돈다고 생각했다.

QUIZ 다음 중 '땅 지'가 쓰이지 않은 단어를 찾아 동그라미를 치세요.

지도	휴지	평지	지위	착지	오지

오늘 배울 국어 **속** 한자

海는 '바다'를 뜻하는 한자입니다.

　'海외'의 뜻을 그대로 풀면 '바다의 밖'을 가리킵니다. 그런데 왜 '다른 나라'라는 의미로 쓰일까요? 항해술이 발달하지 않은 과거에는 '바다의 밖'이 아무나 갈 수 없는 미지의 세상으로 여겨졌지요. 그래서 자기 나라가 아닌 '먼 나라, 먼 곳'을 뜻하는 말로도 쓰인 것입니다.

바다 **해**

부수 氵(水) | 총 10획

한자 따라 쓰기 **1** 순서에 맞게 다음 한자를 써 보세요.

海 海 海 海 海 海 海 海 海 海

海	海								

한자 구별하기 **2** 다음 중 '바다 해'를 찾아 동그라미를 치세요.

晦　侮　珸　悔　誨　海

✔ 바닷물과 땅이 서로 닿은 곳이나 그 근처를 이르는 말은?

	변

✔ 배를 타고 다니면서 다른 배나 해안 지방을 공격하여 돈이나 물건을 빼앗는 강도를 이르는 말은?

	적

✔ 바닷속에 들어가 해삼, 전복, 미역 등을 따는 것을 직업으로 하는 여자를 이르는 말은?

	녀

✔ 바다에서 나는 모든 동식물을 통틀어 이르는 말은?

	산	물

태평양·대서양·인도양 등 지구 표면의 약 70%를 차지하는 넓고 큰 **바다** • • 海협

육지와 육지 사이에 끼어 있는 좁고 긴 **바다** • • 海운

바다에서 배로 사람을 태워 나르거나 화물을 실어 나르는 일 • • 海양

바다에서 벌이는 전투 • • 항海

배를 타고 **바다** 위를 다님 • • 海전

영토에 인접한 **바다**의 일정한 구역으로 그 나라의 주권이 미치는 범위의 **바다** • • 영海

영국은 침략 전쟁을 일삼아 해외에 가장 넓은 식민지를 개척해 여러 나라를 지배했다. 한때 '해가 지지 않는 나라'라고 불린 이유도 이 때문이다. 당시 영국과 앞다퉈 식민지 건설에 나섰던 스페인은 1588년 '무적함대'를 이끌고 영국 영해를 침공했다. 칼레 앞바다에서 스페인과 전쟁을 치른 영국은 해적 출신 프랜시스 드레이크 경의 활약으로 스페인을 누르고 새로운 해양 강국으로 떠올랐다. 이 전투를 일컬어 '칼레 해전'이라고 한다.

QUIZ 다음 중 '바다 해'가 쓰이지 않은 단어를 찾아 동그라미를 치세요.

해산물	해적	해답	해운	항해	해협

강 **강**

부수 氵(水) | 총 6획

 오늘 배울 국어 **속** 한자

江은 '강'을 뜻하는 한자입니다.

　서울에는 25개의 구(區)가 있습니다. 그중 '江남구, 江북구, 江동구, 江서구'의 명칭은 '한江'을 중심으로 한 지리적 위치를 나타낸다는 점에서 유래가 같답니다. 말 그대로 강남은 한강 남쪽에, 강동은 한강 동쪽에, 강북은 한강 북쪽에, 강서는 한강 서쪽에 위치했다는 의미를 나타내지요. 조선 시대 때 수도가 개성에서 한양으로 이전된 것도 한강을 끼고 있어 물을 구하기 쉽고 수로 등 교통이 편리하다는 이점이 있었기 때문입니다.

한자 따라 쓰기 **1** 순서에 맞게 다음 한자를 써 보세요.

江 江 江 江 江 江

江	江				

한자 구별하기 **2** 다음 중 '강 강'을 찾아 동그라미를 치세요.

汗　汪　江　汀　紅　仜

한자 완성하기 3 각 질문을 읽고 알맞은 한자를 써넣어 단어를 완성해 보세요.

✔ 우리나라 서울을 중심으로 한 중부를 지나 황해로
흐르는 큰 강을 이르는 말은?

한	

✔ 히말라야산맥을 가로질러 흐르는 강으로, 인도 문명의 발상지로
유명한 강을 이르는 말은?

인	더	스	

✔ 중국에서 두 번째로 큰 강으로, 황토를 대량으로 운반하여
물이 누렇게 흐른다고 하여 이름 붙여진 강을 이르는 말은?

황	허	

✔ 아프리카에 있는 세계에서 제일 긴 강으로, 고대 이집트
문명의 발상지를 이르는 말은?

나	일	

한자 연결하기 4 각 뜻풀이를 읽고 알맞은 단어를 찾아 바르게 연결해 보세요.

강과 산 또는 자연 경치 •　　• 江변로

강변을 따라 난 도로 •　　• 江산

강 가장자리에 잇닿아 있는
땅이나 그 부근 •　　• 江가

강물이 넘치지 않게 쌓은 둑 •　　• 江물

강가에 위치해 있는 마을 •　　• 江촌

강에 흐르는 물 •　　• 江둑

국어 ⇌ 한자 찾기 5 다음 글을 읽고 '강 江'이 들어간 우리말에 동그라미를 치세요.

고대 인류는 강물 주변에 모여 살면서 문명을 건설했다. 기원전 4,000~3,000년경에 등장한 '세계 4대 문명'도 모두 강가에서 형성되었다. 나일강 유역에서는 '이집트 문명', 티그리스강·유프라테스강 유역에서는 '메소포타미아 문명', 인도 인더스강·갠지스강 유역에서는 '인더스 문명', 중국 황허강 유역에서는 '황허 문명'이 꽃을 피웠다.

QUIZ 다음 중 '강 江'이 쓰이지 않은 단어를 찾아 동그라미를 치세요.

한강	건강	강촌	강변로	강가	강산

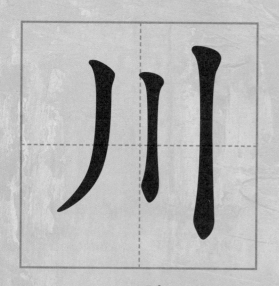

내 **천**

부수 川(巛) | 총 3획

🐻 오늘 배울 **국어 속** 한자

川은 물줄기의 모양을 본뜬 한자로, '시내', '내', '냇물'을 뜻합니다. 川의 훈(뜻)인 '내'는 작은 시내부터 하천에 이르기까지 크고 작은 물줄기를 가리키지요.

'춘川, 홍川, 합川'과 같은 지명에서 유독 川을 쉽게 찾아볼 수 있습니다. 예로부터 인간의 생활 터전은 물가를 중심으로 형성되었습니다. 물이 가까이 있어 토지가 비옥해 농업에 유리했기 때문이지요. 세계의 문명 발상지도 물가, 즉 강 유역이라는 공통점이 있답니다.

한자 따라 쓰기 **1** 순서에 맞게 다음 한자를 써 보세요.

川 川 川

한자 구별하기 **2** 다음 중 '내 천'을 찾아 동그라미를 치세요.

✔ 산과 내라는 뜻으로, 자연을 이르는 말은?

산

✔ 뱀이 기어가는 모양처럼 이리저리 구부러져 흘러가는 내를 이르는 말은?

곡 류

✔ 강원도 서쪽에 있고, 호수와 폭포 등으로 유명한 도시를 이르는 말은?

춘

✔ 서울 한복판인 종로구와 중구의 경계를 흐르는 도심 속 하천을 이르는 말은?

청 계

한자 연결하기 **4** 각 뜻풀이를 읽고 알맞은 단어를 찾아 바르게 연결해 보세요.

깊은 **내** • • 심川

냇물의 가장자리, 그 주변 • • 명川

이름난 강이나 **시내** • • 川변

바닥이 모래로 되어있는 **내** • • 하川

강과 **내** • • 사川

폭이 매우 좁고 작은 **냇물** • • 실개川

국어 속 한자 찾기 **5** 다음 글을 읽고 '내 천'이 들어간 우리말에 동그라미를 치세요.

우리나라는 산과 냇물이 조화롭게 어우러진 산천 지형이 특징이다. 산에서 육지로 물줄기가 흘러내리면서 구불구불한 모양의 곡류천이나 바닥이 모래로 이루어진 사천, 수심이 깊은 심천 같은 여러 모양의 하천 지형을 형성한다. 춘천이나 청계천 등 '천'이 들어간 지명을 흔히 볼 수 있는 이유도 이처럼 하천을 따라 마을이 조성된 경우가 많아서다.

QUIZ 다음 중 '내 천'이 쓰이지 않은 단어를 찾아 동그라미를 치세요.

하천   실천   산천   실개천   명천   천변

오늘 배울 **국어 속 한자**

번개 **전**

부수 雨 | 총 13획

電은 '번개'를 뜻합니다. 번개는 구름 속에 있는 음전하와 양전하가 충돌하면서 전기를 만들어 내는 현상을 말하므로 '전기, 전류'를 의미하기도 하지요.

언론 기사를 보면 '전격 발표', '전격 교체' 같은 표현이 자주 등장합니다. 여기서 '電격'은 '번개처럼 갑작스럽게'라는 뜻으로, 뒤에 나오는 말을 꾸며주는 역할을 하지요. '갑작스럽다'가 어떤 일이 느닷없이 닥치거나 급하게 일어나는 모양을 묘사하는 말이니 電은 '빠르다'라는 의미도 지닙니다.

한자 따라 쓰기 **1** 순서에 맞게 다음 한자를 써 보세요.

電 電 電 電 電 電 電 電 電 電 電 電 電

電	電					

한자 구별하기 **2** 다음 중 '번개 전'을 찾아 동그라미를 치세요.

電　雪　霓　雷　霍　電

✔ 빛과 열을 내거나 기계를 움직이는 데 쓰이는 에너지를
뜻하는 말은?

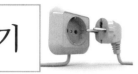

	기

✔ 기계에 전류가 발생되거나 통하게 하는 원천을 뜻하는 말은?

	원

✔ 전기 철도 위를 달리는 여러 개의 찻간을 길게 이어 놓은
차량을 이르는 말은?

	철

✔ 카메라, 라디오, 손전등, 시계 등에 쓰이는 것으로 전기
에너지를 발생시키는 작은 물건을 이르는 말은?

	건		지

한자 연결하기 **4** 각 뜻풀이를 읽고 알맞은 단어를 찾아 바르게 연결해 보세요.

원자력, 풍력, 수력, 화력 등을
이용하여 발전기를 돌려서 **전기**를 • • 정電
일으키는 시설을 갖춘 곳

전기를 아껴 씀 • • 발電소

들어오던 **전기**가 끊어짐 • • 절電

가정에서 사용하는 **전기** 기구 • • 충電

건전지 등에 **전기** 에너지를
채워 넣는 것 • • 가電

목소리를 **전기** 신호로 바꾸어
떨어져 있는 사람이 서로 • • 電화
이야기할 수 있게 만든 기계

국어 속 한자 찾기 **5** 다음 글을 읽고 '번개 전'이 들어간 우리말에 동그라미를 치세요.

갑자기 전기 공급이 끊기면 무슨 일이 벌어질까? 전철이 멈추고 전화가 불통될 것이다. 냉난방은 물
론 가전제품도 전혀 사용하지 못해 일상이 마비될 것이다. 이처럼 우리는 전기에 전적으로 의존해
생활하고 있지만 전기 에너지는 무한하지 않다. 발전소를 늘려 과도한 의존을 더 부추기기보다는 전기
에너지 사용을 줄이고 절전을 생활화하는 습관을 길러야 한다.

QUIZ 다음 중 '번개 전'이 쓰이지 않은 단어를 찾아 동그라미를 치세요.

정전   전원   운전   충전   건전지   가전

오늘 배울 **국어 속 한자**

氣는 '심신의 힘' 또는 눈에 보이지 않는 '기운'을 뜻합니다. 이외에 '공기(대기)', '기체'를 의미하기도 하지요.

'활동력'을 뜻하는 '氣력', '원氣', '활氣'에서 氣는 '힘'을 나타내고 '氣상 예보'의 氣는 '공기, 대기'를 의미합니다.

'향氣'는 '좋은 느낌을 주는 기운이나 공기'를, '온氣'도 '따뜻한 기운이나 공기'를, '냉氣'는 '차가운 기운이나 공기'를 뜻하지요.

기운 기

부수 气 | 총 10획

한자 따라 쓰기 **1** 순서에 맞게 다음 한자를 써 보세요.

氣 氣 氣 氣 氣 氣 氣 氣 氣 氣

한자 구별하기 **2** 다음 중 '기운 기'를 찾아 동그라미를 치세요.

氛　氣　気　氝　氕　氧

✔ 어떤 것이 불에 탈 때 나오는 흐릿한 기체를 이르는 말은?

연

✔ 물이 끓을 때 나오는 기체를 이르는 말은?

수 증

✔ 씩씩하고 굳센 기운 또는 어떤 것을 겁내지 않는 기상을 뜻하는 말은?

용

✔ 마음에서 생기는 유쾌함이나 불쾌함 같은 감정을 뜻하는 말은?

분

한자 연결하기 4 각 뜻풀이를 읽고 알맞은 단어를 찾아 바르게 연결해 보세요.

어떤 대상 또는 그 주변에서
느껴지는 기분이나 **기운**　　　　　•　　　• 분위氣

탁한 **공기**를 빼고
맑은 **공기**로 바꿈　　　　　　　•　　　• 열氣

뜨거운 **기운**, 흥분해서
달아오른 분위기　　　　　　　•　　　• 환氣

바람, 비, 구름, 눈, 추위 등으로
대기 중에 일어나는 모든 현상　　•　　　• 인氣

어떤 대상에 쏠리는
많은 관심이나 좋아하는 **기운**　•　　　• 생氣

활발하고 생생한 **기운**　　　　•　　　• 氣상

국어 ⇔ 한자 찾기 5 다음 글을 읽고 '기운 기'가 들어간 우리말에 동그라미를 치세요.

일부 아시아 국가에서 시작된 '한류' 열풍의 인기가 유럽과 미국 등지로 빠르게 확산되고 있다. 생기 발랄하고 열정 가득한 아이돌 그룹의 음악은 한류 열풍의 중심에 있다. 공연장의 분위기를 후끈 달 아오르게 만드는 이들의 무대를 지켜보며 전 세계 팬들은 더욱 열광의 도가니에 빠진다. 인기가 날 로 확산되는 추세로 보아 당분간 K-POP 열기는 쉽게 잦아들지 않을 듯하다.

QUIZ 다음 중 '기운 기'가 쓰이지 않은 단어를 찾아 동그라미를 치세요.

기억　　　열기　　　기분　　　환기　　　수증기　　　용기

오늘 배울 국어 **속** 한자

스스로 **자**

부수 自 | 총 6획

自는 '스스로', '자기 자신', '저절로'를 뜻합니다.

　'自동차'는 '저절로 움직이는 탈것'을 의미합니다. 왜 이런 이름이 붙었을까요? 자동차가 등장하기 전에는 말이나 소, 나귀 등이 교통수단을 대신했습니다. 동물의 힘을 이용해 수레를 끌거나 먼 거리를 왕래해야 했으니 옛날 사람들의 눈에는 엔진의 힘으로 나아가는 자동차가 저절로 움직이는 것처럼 보였던 거지요.

한자 따라 쓰기 **1** 순서에 맞게 다음 한자를 써 보세요.

自自自自自自

自	自			

한자 구별하기 **2** 다음 중 '스스로 자'를 찾아 동그라미를 치세요.

　　브　　亘　　目　　自　　白　　且

✔ 누군가의 가르침이 없이 자기 혼자 힘으로 학습하여
  익히는 것을 뜻하는 말은?

	습

✔ 자기 손으로 직접 글씨를 쓰거나, 쓴 글씨를 뜻하는 말은?

	필

✔ 무엇에 얽매이거나 누군가에게 구속되지 않고 자기의
  뜻에 따라 행동하는 것을 뜻하는 말은?

	유

✔ 스스로 해낼 수 있다고 믿는 마음을 뜻하는 말은?

	신	감

한자 연결하기 4 각 뜻풀이를 읽고 알맞은 단어를 찾아 바르게 연결해 보세요.

자기 자신에게 물어봄 •

• **自**립

스스로 자신의 가치나 능력을
믿고 떳떳이 여기는 마음 •

• **自**문

남에게 의지하지 않고
스스로의 힘으로 섬 •

• **自**부심

자신의 입장이나 능력을
스스로 느끼거나 깨달음 •

• **自**만

스스로 자랑하며 우쭐거림 •

• **自**각

자기 또는 **자기**의 몸,
스스로 •

• **自**신

국어 속 한자 찾기 5 다음 글을 읽고 '스스로 자'가 들어간 우리말에 동그라미를 치세요.

자신감이 높을수록 유능한 사람일까? 심리학자들은 그렇지 않다고 말한다. 유능하면 자신감이 높아
질 수는 있지만 자신감이 높다고 해서 유능한 건 아니라는 것이다. 능력이 부족한데도 자신감만 높
은 사람은 오히려 자만하기 쉬워 자신의 능력을 객관적으로 자각하기 어렵다. 나는 어떤 유형의 사
람일지 한 번쯤 자문해 보는 건 어떨까.

QUIZ 다음 중 '스스로 자'가 쓰이지 않은 단어를 찾아 동그라미를 치세요.

자유	자립	자습	자료	자부심	자필

 오늘 배울 국어 한자

然은 '그러하다', '~한 상태'를 뜻하는 한자입니다.

  '돌然', '확然'과 같은 단어에서 然은 주로 앞서 나온 한자의 뜻을 강조하는 역할을 합니다. '돌然'의 '돌(突)'은 '갑자기'라는 뜻을 가진 한자이므로 '갑자기 그렇게'를, '확然'의 '확(確)'은 '확실하다'라는 뜻을 가진 한자이므로 '확실히 그렇게'라는 의미를 가지는 것이지요.

그럴 연

부수 灬(火) | 총 12획

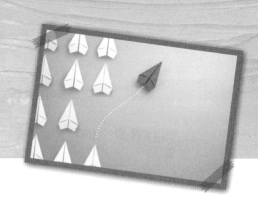

한자 따라 쓰기 **1** 순서에 맞게 다음 한자를 써 보세요.

然 然 然 然 然 然 然 然 然 然 然 然

然	然					

한자 구별하기 **2** 다음 중 '그럴 연'을 찾아 동그라미를 치세요.

热　煞　然　嗓　燃　橪

✔ 사람의 힘이 더해지지 않고 저절로 생겨난 산, 강, 바다, 동물, 식물, 비, 바람 등을 가리키는 말은?

자	

✔ 마땅한 이유 없이 어쩌다 그렇게 된 상태를 뜻하는 말은?

우	

✔ 사람의 힘을 보태지 않은 자연 그대로의 상태를 뜻하는 말은?

천	

✔ 분위기나 태도가 고요하고 엄숙한 상태를 뜻하는 말은?

숙	

한자 연결하기 **4** 각 뜻풀이를 읽고 알맞은 단어를 찾아 바르게 연결해 보세요.

반드시 **그렇게** 될 수밖에 없는 일 • • 묘然

생각대로 정말 **그러함** • • 과然

행방, 소식 등을 알 수 없는 **그런 상태**, 기억이 오래되어 흐릿한 **그런 상태** • • 필然

사물이나 형상이 원래부터 **그러함** • • 본然

내용이 분명하지 않거나 대처할 방법이 없는 **그런 상태** • • 막然

일이나 사실의 앞뒤 사정을 놓고 볼 때 마땅히 **그러함** • • 당然

국어 속 한자 찾기 **5** 다음 글을 읽고 '그럴 연'이 들어간 우리말에 동그라미를 치세요.

물이 낮은 곳으로 흐르거나 연기가 하늘로 피어오르는 자연 현상은 반드시 그렇게 되도록 정해져 있는 필연일까? 아니면 어쩌다 그렇게 된 우연일까? 과학이 고도로 발달한 현대의 과학자들은 이처럼 당연해 보이는 자연법칙에도 질서가 있다고 여겨 다양한 자연 현상을 설명하기 위한 연구를 활발히 진행하고 있다.

QUIZ 다음 중 '그럴 연'이 쓰이지 않은 단어를 찾아 동그라미를 치세요.

묘연	막연	우연	금연	천연	숙연

오늘 배울 국어 속 한자

모 방

부수 方 | 총 4획

方의 훈(뜻)인 '모'는 '귀퉁이', '모서리', 네모나고 반듯한 모양'이라는 의미로, 方은 이외에도 '방향', '지역', '장소', 방법(방식)'이라는 의미를 지닙니다.

方의 뜻 가운데 '方향', '지역', '장소', '方법' 등은 '네모'와 어떤 관련이 있을까요? '네모'는 주로 네 개의 꼭짓점(모서리)과 선분으로 이루어진 도형을 뜻하지만 네 개의 모, 즉 동서남북 '사方'을 뜻하기도 합니다. '사方'은 각 방향에 있는 '지역'이나 '장소'를 가리키지요. 옛날 왕들은 여러 '方향'에 있는 지역을 다스리기 위한 '方법'으로 중앙 집권화를 지향했답니다.

한자 따라 쓰기 **1** 순서에 맞게 다음 한자를 써 보세요.

方 方 方 方

方	方					

한자 구별하기 **2** 다음 중 '모 방'을 찾아 동그라미를 치세요.

坊　万　仿　彷　方　亢

한자 완성하기 3 각 질문을 읽고 알맞은 한자를 써넣어 단어를 완성해 보세요.

✓ 앞쪽 방향 또는 마주하고 있는 방향을 뜻하는 말은?

전	

✓ 앉을 때 밑에 까는 네모나거나 원형인 깔개를 이르는 말은?

	석

✓ 동·서·남·북 네 방향 또는 모든 곳이나 여러 곳을 비유적으로 이르는 말은?

사	

✓ 병을 치료하기 위해 증상에 따라 약을 짓는 방법을 적은 종이를 이르는 말은?

처	전

한자 연결하기 4 각 뜻풀이를 읽고 알맞은 단어를 찾아 바르게 연결해 보세요.

어떤 일을 하기 위한 수단이나 **방식**   •   • 근**方**

수도 서울 이외의 **지역**   •   • 지**方**

가까운 **지역**(주변)   •   • **方**법

중심에서 먼 가장자리 **지역** •   • **方**면

일을 해 나아갈 **방향**이나 계획 •   • 변**方**

장소나 **지역**이 있는 **방향**이나 그 일대 또는 어떤 분야 •   • **方**침

국어 속 한자 찾기 5 다음 글을 읽고 '모 방'이 들어간 우리말에 동그라미를 치세요.

넓은 영토를 다스려야 했던 중국의 왕은 수도와 그 근방을 제외한 나머지 지방을 통치할 방법을 찾기 위해 여러 방면으로 노력을 기울였다. 처음에는 왕의 친족들이 각 지방을 다스렸지만 문제가 끊이지 않자 방침을 바꾸어 중앙의 관료를 각 지방에 파견하여 다스리게 했다. 하지만 왕의 힘이 미치지 않는 변방 지역은 늘 크고 작은 문제들이 발생해 왕의 근심도 끊일 날이 없었다.

QUIZ 다음 중 '모 방'이 쓰이지 않은 단어를 찾아 동그라미를 치세요.

방침	전방	방면	방석	사방	가방

오늘 배울 국어 속 한자

平은 주로 '평평하다'를 뜻하지만 '고르다', '편안하다', '보통', '보통 때'라는 뜻도 지닙니다.

'平平하다'는 '바닥이 고르고 판판하다'를 의미합니다. 그래서 '平온'은 판판한 바닥에 누워 있는 것처럼 '고요하고 편안하며 무사한 상태'를, '平소'는 판판한 바닥이 한쪽으로 기울어지거나 흔들릴 일이 없듯 특별한 일이 없는 '보통의 때'를 뜻하는 것이지요.

평평할 평

부수 干 | 총 5획

한자 따라 쓰기 **1** 순서에 맞게 다음 한자를 써 보세요.

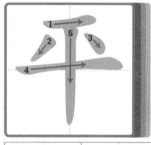

平 平 平 平 平

平	平					

한자 구별하기 **2** 다음 중 '평평할 평'을 찾아 동그라미를 치세요.

干　于　半　平　坪　伻

✔ 평평한 표면을 이르는 말은?

 면

✔ 땅바닥이 평평하고 넓은 들을 이르는 말은?

야

✔ 나란히 가는 것, 나란히 있어 아무리 연장하여도 서로 만나지 않거나 그런 상태를 뜻하는 말은?

 행

✔ 특별한 일이 없는 보통의 날 또는 주말이나 명절, 공휴일이 아닌 보통의 날을 뜻하는 말은?

일

한자 연결하기 4 각 뜻풀이를 읽고 알맞은 단어를 찾아 바르게 연결해 보세요.

물과 하늘이 **평평하게** 맞닿아 경계를 이루는 선 • • 平균

여러 사물의 질이나 양을 통일적으로 **고르게** 한 것 • • 平등

권리나 의무, 신분 등이 차별 없이 **고르고** 한결같음 • • 수平선

땅과 하늘이 **평평하게** 맞닿아 경계를 이루는 선 • • 平범

뛰어난 점이나 특별함 없이 **보통임** • • 태平

몸과 마음이 **편안하고** 걱정이 없는 상태 • • 지平선

국어 ⇔ 한자 찾기 5 다음 글을 읽고 '평평할 평'이 들어간 우리말에 동그라미를 치세요.

우리나라는 삼면이 바다로 둘러싸여 있어 물과 하늘이 만나는 수평선을 쉽게 볼 수 있다. 산지가 국토의 70퍼센트 이상을 차지하는 육지에서 하늘과 땅 끝이 만나는 지평선을 볼 수 있는 곳으로는 전라북도 김제의 '김제평야'가 유일하다. 하늘과 땅이 평평하게 맞닿은 경계선이 멋진 풍경을 연출하는 이곳에서는 매년 9~10월에 '김제 지평선 축제'가 열린다.

QUIZ 다음 중 '평평할 평'이 쓰이지 않은 단어를 찾아 동그라미를 치세요.

평균   태평   평면   호평   수평선   평일

목숨 명
부수 口 ㅣ 총 8획

🐻 오늘 배울 국어 속 한자

命은 주로 '목숨'을 뜻하지만 '운명', '운', '표적', '명령', '임무'를 뜻하기도 합니다.

이전의 국가 권력을 뒤집고 새로운 권력이 들어서는 형태를 일컫는 '혁命'의 命은 '천命', 즉 '하늘의 명령'을 뜻합니다. 옛날에는 하늘이 명한 사람만 임금의 자리에 오를 수 있다고 여겼습니다. '천命'은 눈에 보이지 않으니 만약 백성들이 따른다면 천명을 받은 사람임이 저절로 증명될 것이라고 생각했던 거지요.

한자 따라 쓰기 ***1*** 순서에 맞게 다음 한자를 써 보세요.

命 命 命 命 命 命 命 命

命 命

한자 구별하기 ***2*** 다음 중 '목숨 명'을 찾아 동그라미를 치세요.

舍 合 舍 令 命 舍

✔ 생물이 살아있는 기간을 뜻하는 말은?

수 ☐

✔ 초인간적인 힘에 의해 이미 정해진 목숨이나 처지를 뜻하는 말은?

운 ☐

✔ 명령하여 임무나 지위를 맡기는 것을 뜻하는 말은?

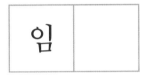 

임 ☐

✔ 윗사람이 아랫사람에게 무엇을 하도록 시키는 것을 뜻하는 말은?

☐ 령

한자 연결하기 **4** 각 뜻풀이를 읽고 알맞은 단어를 찾아 바르게 연결해 보세요.

화살이나 총알이 **표적**에
바로 맞음 　　　•　　　•　숙**命**

태어날 때부터 정해진 피할 수
없는 **운명** 　　　•　　　•　생**命**

목숨, 사람이나 동물이
살아있는 힘 　　　•　　　•　**命**중

사람의 **목숨** 　　•　　•　연**命**

목숨을 겨우 이어나감 　　•　　•　인**命**

하늘의 **명령**이 바뀜,
국가의 기초·제도·조직 등을
근본적으로 고치는 일 　•　　•　혁**命**

국어 속 한자 찾기 **5** 다음 글을 읽고 '목숨 명'이 들어간 우리말에 동그라미를 치세요.

예로부터 인명은 하늘에 달려 있고 수명은 사람이 정할 수 없다는 믿음이 강했지만, 지금은 이런 인식이 바뀌고 있다. 치료 효과나 회복 가능성 없이 환자의 생명만을 연장시키는 무의미한 연명 치료를 환자 스스로 중단할 수 있도록 한 '웰다잉법'이 제정됐기 때문이다. 웰다잉법은 인간답게 품위를 지키며 존엄하게 생을 마감할 수 있는 권리를 보장한다는 의미로 '존엄사법'이라 부르기도 한다.

QUIZ　다음 중 '목숨 명'이 쓰이지 않은 단어를 찾아 동그라미를 치세요.

별**명**　　수**명**　　혁**명**　　숙**명**　　**명**중　　**명**령

🐻 오늘 배울 **국어** 속 **한자**

편할 **편**, 똥오줌 **변**

부수 亻(人) ㅣ 총 9획

便은 뜻에 따라 음도 달라집니다. '편하다'를 뜻할 때는 '**편**'으로 읽고, '똥오줌'을 가리킬 때는 '**변**'이라고 읽지요.

便은 어쩌다 이렇게 동떨어진 의미를 지니게 된 걸까요? 용변이 급할 때는 불안하고 괴롭지만 볼일을 보고 나면 마음이 편안해지는 심리가 반영됐기 때문이지요.

便은 '여러 개로 나뉜 무리 중 어느 한쪽'을 가리키기도 합니다. '상대便', '맞은便', '건너便', '한便'에서도 '편, 쪽'을 뜻하는 便이 쓰였지요. '便지', '우便'에서는 '소식'이라는 뜻을 나타낸답니다.

한자 따라 쓰기 1 순서에 맞게 다음 한자를 써 보세요.

便 便 便 便 便 便 便 便 便

便	便				

한자 구별하기 2 다음 중 '편할 편, 똥오줌 변'을 찾아 동그라미를 치세요.

悚　俺　使　更　便　峺

✔ 간단하고 편리함을 뜻하는 말은?

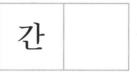

✔ 몸과 마음이 편하지 않고 괴로움을 뜻하는 말은?

불

✔ 고객이 편하고 쉽게 이용하도록 24시간 문을 여는 잡화점을 이르는 말은?

의 점

✔ 똥이나 오줌을 누도록 만든 기구를 뜻하는 말은?

기

편하고 이로우며 이용하기 쉬움 •

같은 **편**, **한쪽**, 앞에서 말한 측면과 다른 측면 •

안부, **소식**, 용무 등을 적어 보내는 글 •

• **便**지

• 한**便**

• **便**리

편하고 손쉬우며 유익함 •

대변을 몸 밖으로 내보내는 것 •

정상적인 절차를 따르지 않은 편하고 손쉬운 방법 •

• **便**법

• 배**便**

• **便**익

예전에는 한밤중에 어떤 물건이 급하게 필요해도 문을 연 상점이 없어 불편을 겪었다. 24시간 편의점이 생긴 후로는 언제든지 필요한 물건을 간편하게 구입할 수 있다. 한편으로 보면 이러한 소비자의 편리는 편의점 종사자가 야간에 제대로 잠을 자지 못하고 일하는 불편을 감수해 얻은 대가다. 다른 한편으론 소비자의 불편이 '야간 근로'라는 일자리 형태를 만든 것이기도 하다. 한쪽의 편익과 다른 쪽의 불편을 번갈아 맞바꾸는 셈이다.

QUIZ 다음 중 '편할 편, 똥오줌 변'이 쓰이지 않은 단어를 찾아 동그라미를 치세요.

편리 편법 변기 편지 간편 장편

오늘 배울 국어 **속** 한자

편안할 **안**

부수 宀 | 총 6획

安은 '편안하다'를 뜻하는 한자입니다.

　안부를 물을 때 쓰는 인사말인 "안녕하세요."와 상대에게 폐를 끼쳤을 때 쓰는 표현인 "미안합니다."에는 모두 安이 쓰입니다. '安녕'은 상대가 '편안하게 지내는지'를 묻는 말이고, '미安'은 상대가 '편안하지 않음'을 걱정하는 말이지요. 둘 다 '편안함'을 바라는 마음을 담고 있다는 공통점이 있습니다.

한자 따라 쓰기 **1** 순서에 맞게 다음 한자를 써 보세요.

安 安 安 安 安 安

安　安

한자 구별하기 **2** 다음 중 '편안할 안'을 찾아 동그라미를 치세요.

案　佞　浽　按　牢　安

✔ 몸이나 마음이 편하고 좋음을 뜻하는 말은?

편 │ │

✔ 위험이 생기거나 사고가 날 염려가 없이 편안한 상태를 뜻하는 말은?

│ │ 전

✔ 아픈 사람을 찾아가 병세를 묻고 위로하는 일을 뜻하는 말은?

병 │ 문 │ │

✔ 안전을 지켜 유지하거나, 비밀 따위가 새어나가지 않도록 하는 것을 뜻하는 말은?

보 │ │

한자 연결하기 **4** 각 뜻풀이를 읽고 알맞은 단어를 찾아 바르게 연결해 보세요.

걱정이 되어 마음이 **편하지** 않고 조마조마함 • • 불**安**

편안하게 잘 지내는지에 대한 소식 또는 인사로 묻는 것 • • **安**부

불안이 사라져 마음이 놓이는 **편안한** 상태 • • **安**도

사회가 아무 탈 없이 **편안**함과 질서를 유지함 또는 그런 상태 • • **安**락

몸과 마음을 **편안**하고 고요하게 함 • • **安**정

걱정 없이 몸과 마음이 **편안**하고 즐거움 • • 치**安**

국어 속 한자 찾기 **5** 다음 글을 읽고 '편안할 안'이 들어간 우리말에 동그라미를 치세요.

병문안을 갈 때도 지켜야 할 예절이 있다. 우선 환자가 편안하게 안정을 취할 수 있도록 면회는 짧게 해야 한다. 부정적인 언행은 환자를 불안하게 할 수 있으므로 되도록 삼간다. 면회 전후에는 환자와 방문객 모두의 안전을 위해 손을 씻거나 손 소독제를 사용하여 혹시 모를 세균 감염을 예방해야 한다.

QUIZ 다음 중 '편안할 안'이 쓰이지 않은 단어를 찾아 동그라미를 치세요.

│ 불안 │ │ 안방 │ │ 보안 │ │ 안락 │ │ 안도 │ │ 치안 │

 오늘 배울 **국어 속** 한자

마음 심

부수 心 | 총 4획

心은 '마음', '중심'을 뜻합니다.

서양인에게 '마음'이 어디 있는지 물으면 대부분 머리를 가리키는 반면, 동양인들은 가슴을 가리킵니다. 마음이 뇌에 있다고 생각하는 서양인과 달리 동양인은 심장에 있다고 생각하기 때문이지요.

마음이 있는 곳인 심장은 피를 온몸으로 내보내는 역할을 하는 중요한 기관입니다. 사람의 몸 한가운데 중요한 심장이 있듯 '중心'도 '어떤 것의 한가운데'를 뜻한답니다.

한자 따라 쓰기 **1** 순서에 맞게 다음 한자를 써 보세요.

心 心 心 心

心	心					

한자 구별하기 **2** 다음 중 '마음 심'을 찾아 동그라미를 치세요.

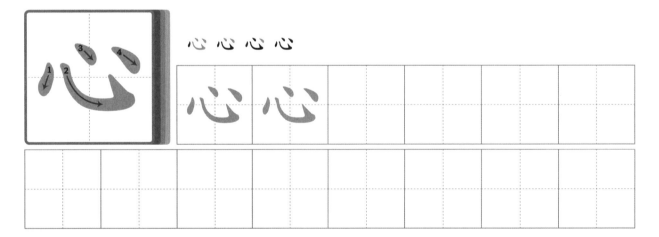

小 从 州 火 必 心

✔ 피를 온몸에 내보내는 신체 기관으로 마음을 비유적으로 이르는 말은?

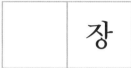 장

✔ 어떤 일에 대하여 어떻게 하기로 자신의 마음을 굳게 정함을 뜻하는 말은?

결

✔ 어떤 것의 한가운데를 뜻하는 말은?

중

✔ 잘못하거나 실수하지 않도록 행동이나 말을 신중하게 하는 것을 뜻하는 말은?

조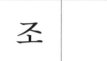

어떤 것을 정도에 지나치게 탐내고 갖고 싶어 하는 **마음** • • 心술

바른말과 행동을 하려는 좋은 **마음** • • 욕心

못되게 굴거나 고집을 부리는 **마음** • • 양心

거짓이 없는 진실한 **마음** • • 진心

어떤 것을 향해 끌리는 **마음** • • 관心

사물의 가장 **중심**이 되거나 중요한 부분 • • 핵心

욕심 많고 조심성 없는 심술꾸러기 나무 인형 피노키오는 사람이 되고 싶었습니다. 양심 없는 서커스 단장의 꾀임에 빠졌을 때 피노키오를 구해준 푸른 요정은 진정한 용기를 보여야 사람이 될 수 있다고 말했지요. 피노키오는 자신을 만든 제페토 할아버지를 구하려 용기를 발휘해 고래 뱃속에 뛰어들었습니다. 피노키오의 진심은 과연 푸른 요정에게 전해졌을까요?

 QUIZ 다음 중 '마음 심'이 쓰이지 않은 단어를 찾아 동그라미를 치세요.

심판   관심   심술   결심   핵심   심장

 오늘 배울 국어 **속** 한자

漢은 '한수(원래 중국 산시성의 강을 가리키는 고유명사였지만, 이후 '큰 강'을 뜻하는 보통명사로 쓰임)', '한나라'를 뜻하지만 '한자', '한문', '사내', '사람', '은하수'라는 뜻도 가집니다.

'漢나라'는 고대 중국의 국가를 말합니다. 오늘날 동아시아 문화권에서 쓰는 '漢자'도 한나라 때 완성된 글자이지요. '漢문'은 '한자로 쓴 문장'을 가리킨답니다.

'―漢'은 '~한 사람'이라는 뜻으로도 쓰입니다. '어떤 분야에 전문적인 지식이 없는 사람'을 뜻하는 '문외漢'처럼 말이지요. 때론 '여자를 괴롭히는 남자'라는 의미의 '치漢'처럼 '사내'를 뜻할 때도 있습니다.

한수/한나라 **한**

부수 氵(水) ㅣ 총 14획

한자 따라 쓰기 **1** 순서에 맞게 다음 한자를 써 보세요.

漢 漢 漢 漢 漢 漢 漢 漢 漢 漢 漢 漢 漢 漢

漢	漢						

한자 구별하기 **2** 다음 중 '한수/한나라 한'을 찾아 동그라미를 치세요.

漠　漢　演　漌　潼　漳

✔ 한자를 기초로 하여 만들어진 단어를 뜻하는 말은?

 | 자 | 어 |

✔ 곡물가루나 과일 등에 꿀이나 엿을 섞어 만든 것으로
유과, 약과나 강정 등 우리 고유의 과자들을 일컫는 말은?

| 과 |

✔ 하늘의 은하수를 붙잡을 수 있을 정도로 높다하며 붙여진
이름으로, 제주도 중앙에 있는 화산을 이르는 말은?

 | 라 | 산 |

✔ 우리나라 서울을 중심으로 한 중부를 흐르는 큰 강을
이르는 말은?

| 강 |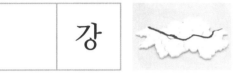

한자 연결하기 4 각 뜻풀이를 읽고 알맞은 단어를 찾아 바르게 연결해 보세요.

한문으로 지어진 시 • • 漢문

한문을 연구하는 학문 • • 漢시

한자만으로 쓰인 문장이나 문학 • • 漢문학

깊이 생각하지 않고
행동하는 **사람** • • 호漢

인정이 없고 냉정한 **사람** • • 무모漢

남을 도우려 자신을 희생하려는
의로운 마음이 많은 **사내(사람)** • • 냉혈漢

국어 속 한자 찾기 5 다음 글을 읽고 '한수/한나라 한'이 들어간 우리말에 동그라미를 치세요.

세종대왕이 한글을 창제한 후에도 나라의 공식 문서는 여전히 한문으로 쓰였다. 조선의 양반층인
사대부도 한시를 즐겨 썼다. 한글은 반포 450년 후인 1894년에야 비로소 공식 문자인 '국문'으로 채
택되었다. 한자와 한문이 2천년 가까이 지배층의 언어로 자리 잡아 영향력을 행사한 결과 우리말의
70% 이상을 한자어가 차지하고 있다.

QUIZ 다음 중 '한수/한나라 한'이 쓰이지 않은 단어를 찾아 동그라미를 치세요.

| 호한 | 한라산 | 한과 | 한문학 | 한글 | 무모한 |

 오늘 배울 국어 **속** 한자

字는 '글자', '문자'를 뜻하는 한자입니다.

  '글字'는 그 모양을 펜이나 연필로 종이에 써서 나타내지요? 그런데 컴퓨터와 휴대전화가 보급되면서 글자를 '쓰다'라고 해야 할지, '치다'라고 해야 할지 혼란스러울 때가 간혹 생깁니다. '字판'은 '글자나 숫자 등을 배열해 놓은 판'을 말하고 '타字'는 '손가락으로 글자판을 눌러 글자를 입력함'을 뜻하니 '타字'와 '字판'에서 '글字'는 '쓰는 것'이 아닌 '치는 것'이지요.

글자 자

부수 子 | 총 6획

한자 따라 쓰기 **1** 순서에 맞게 다음 한자를 써 보세요.

字 字 字 字 字 字

字	字			

한자 구별하기 **2** 다음 중 '글자 자'를 찾아 동그라미를 치세요.

穹　宇　子　字　孛　享

✔ 인간의 언어를 눈으로 볼 수 있도록 나타낸 기호를 뜻하는 말은?

 글 　 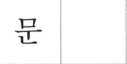 문

✔ 컴퓨터나 휴대전화 등에서 일정한 규칙에 맞춰 배열해 놓은 글자 입력 장치를 뜻하는 말은?

판

✔ 천 개의 한자로 만든 글이라는 뜻을 가진 옛날 한문 학습서를 이르는 말은?

천 　 문

✔ 종이에 찍어 입력하기 위해 만든 글자 모형 또는 그것으로 찍어 낸 글자를 뜻하는 말은?

활 　

잘못 쓴 **글자** ● 　 ● **字**막

복잡한 글자를 간략하게 만든 **글자** ● 　 ● 오**字**

영화나 TV에 관객이나 시청자가 읽을 수 있도록 화면에 비추는 **글자** ● 　 ● 약**字**

타자기나 자판으로 **글자**를 찍거나 입력함 ● 　 ● 점**字**

시각 장애인을 위한 **문자**, 도드라진 점들을 손가락으로 더듬어 읽는 기호 **문자** ● 　 ● 철**字**

자음과 모음을 맞추어 하나의 글자로 만든 **글자** ● 　 ● 타**字**

사람은 입으로 말하고 귀로 듣는다. 말을 눈으로 볼 수 있게 만든 기호가 글자다. 언어가 친숙하지 않은 외국 영화를 볼 때도 한글 자막을 보면 줄거리를 충분히 이해할 수 있다. 시각장애인들을 위한 기호 문자도 있다. 이들이 손가락으로 글자를 더듬어 촉각으로 읽을 수 있도록 만든 문자가 바로 점자다. 점자는 볼록 튀어나온 6개의 점이 한 칸을 이루어 문자를 만들어 내는 특수 기호다.

 QUIZ 다음 중 '글자 자'가 쓰이지 않은 단어를 찾아 동그라미를 치세요.

철**자** 　 의자 　 활**자** 　 천자문 　 오**자** 　 **자**판

오늘 배울 국어 **속** 한자

글월 문
부수 文 | 총 4획

文은 주로 '글', '문장'을 뜻하지만 '무늬', '꾸미다'라는 뜻으로도 쓰입니다.

'文화'란 인간이 자연을 변형시키는 '물질적, 정신적인 활동이나 그 산물'을 말합니다. 인간이 창조한 문화에는 언어, 예술 등이 두루 포함돼 있지요. '운文', '산文' 같은 '文학'도 예술의 한 분야에 속합니다.

글자가 없던 옛날에는 그림을 그리거나 '무늬'를 새겨 의미를 전달하는 풍습이 있었습니다. 옛날 사람들은 이 무늬를 '文신'으로 남겨 메시지를 전하거나 몸을 꾸미기도 했지요.

한자 따라 쓰기 *1* 순서에 맞게 다음 한자를 써 보세요.

文 文 文 文

文	文						

한자 구별하기 *2* 다음 중 '글월 문'을 찾아 동그라미를 치세요.

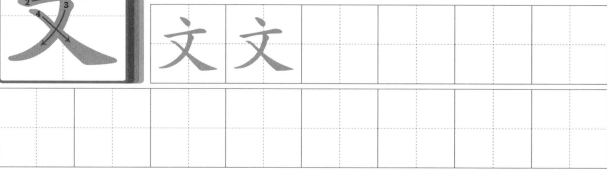

爻 六 大 父 文 交

✔ 한자로만 쓰인 문장이나 문학을 뜻하는 말은?

✔ 글을 작성하는 것 또는 작성한 글을 뜻하는 말은?

✔ 글이나 말의 구성 및 규칙 또는 그것을 연구하는 학문을 뜻하는 말은?

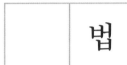

✔ 글자나 기호 등으로 일정한 뜻을 나타낸 것 또는 땅이나 집 등의 소유권이나 그 밖의 권리를 표시하는 증서를 뜻하는 말은?

한자 연결하기 **4** 각 뜻풀이를 읽고 알맞은 단어를 찾아 바르게 연결해 보세요.

자기의 주장을 논리적으로 밝혀 쓴 **글** ●   ● 논설**文**

글을 읽거나 쓸 줄 모름 ●   ● **文**학

생각, 감정 등을 **글**로 표현한 예술 ●   ● **文**맹

말과 **글**로 표현할 때 완결된 내용을 나타내는 최소 단위 ●   ● 예**文**

어떤 사항에 대해 이해를 돕도록 객관적이고 논리적으로 설명한 **글** ●   ● **文**장

예를 들어 보여 주는 **문장** ●   ● 설명**文**

국어 속 한자 찾기 **5** 다음 글을 읽고 '글월 문'이 들어간 우리말에 동그라미를 치세요.

설명문이나 논설문은 글쓴이의 주장을 간결하고 명확한 문장으로 표현해 상대방을 설득하는 글이다. 반면 시 같은 문학은 어떤 대상을 아름답고 감각적인 문장으로 표현해 정서를 자극하는 글이다. 하지만 설명문이나 논설문에서도 비유나 묘사 같은 문학적 장치를 통해 주장에 힘을 실을 수 있고, 문학에서도 논리적이고 조리 있는 문장으로 감동을 배가시킬 수 있다.

QUIZ 다음 중 '글월 문'이 쓰이지 않은 단어를 찾아 동그라미를 치세요.

| 문맹 | 작문 | 예문 | 가문 | 문법 | 문서 |

오늘 배울 국어 **속** 한자

말씀 어

부수 言 ㅣ 총 14획

語는 '말씀'을 뜻합니다. 그래서 語가 쓰인 단어는 '말', '단어'라는 뜻도 지니지요.

語와 '막힐 색(塞)'이 쓰인 '語색하다'를 한자 뜻 그대로 풀이하면 '말이 막히다'입니다. 잘 모르는 사람과 함께 있을 때 딱히 말할 거리가 없어 분위기가 서먹해지는 상황이나 규범에 어긋나 자연스럽게 느껴지지 않는 경우를 나타낼 때 흔히 이 말을 쓰지요.

한자 따라 쓰기 **1** 순서에 맞게 다음 한자를 써 보세요.

語 語 語 語 語 語 語 語 語 語 語 語 語 語

語	語				

한자 구별하기 **2** 다음 중 '말씀 어'를 찾아 동그라미를 치세요.

詰　話　語　語　詩　訌

✔ 국민 전체가 쓰는 그 나라 고유의 말로, '한국어'를
우리나라 사람이 이르는 말은?

| 국 | |

✔ 뜻을 가진 가장 작은 말의 단위인 낱말을 이르는 다른 말은?

| 단 | |

✔ 영국이나 미국에서 주로 쓰이는 언어를 이르는 말은?

| 영 | |

✔ 주로 인터넷에서 찾으려는 단어 또는 찾은 단어를 뜻하는 말은?

| 검 | 색 |

한자 연결하기 **4** 각 뜻풀이를 읽고 알맞은 단어를 찾아 바르게 연결해 보세요.

자기 나라의 **말**   •   • 유행**語**

말소리나 **말**투에서 받는 느낌   •   • 모국**語**

특정 시기에 대중들 사이에서
널리 퍼져 쓰이는 **말**   •   • **語**감

뜻이 같은 **단어**   •   • 외래**語**

주장, 의견 등을 간단하게
표현한 짧은 **말**   •   • 표**語**

외국에서 들어온 **말**로
우리말처럼 쓰이는 **단어**   •   • 동의**語**

국어 🔁 한자 찾기 **5** 다음 글을 읽고 '말씀 어'가 들어간 우리말에 동그라미를 치세요.

인터넷 포털 사이트는 실시간 검색어 순위를 보여준다. 영어든 국어든 외래어든 사람들이 특정 시점
에 가장 많이 검색한 단어의 순위가 실시간으로 매겨져 게시되는 것이다. 검색어 순위를 보면 사람
들이 관심을 두는 대상이나 유행어를 알 수 있다. 그러나 최근 상업적인 목적으로 검색어를 조작하
는 사례가 적발되면서 순위의 공정성에 의문이 제기되기도 한다.

QUIZ   다음 중 '말씀 어'가 쓰이지 않은 단어를 찾아 동그라미를 치세요.

| 단어 | 동의어 | 어둠 | 모국어 | 어감 | 국어 |

말씀 **화**

부수 言 | 총 13획

🐻 오늘 배울 **국어 속** 한자

話는 '말씀', '말하다', '이야기', '이야기하다'를 뜻합니다.

'통話'에 쓰인 '통할 통(通)'은 '중간에서 양편의 관계를 맺어주는 역할을 하다'를 뜻합니다. 그럼 통화는 어떻게 이야기하는 것을 말할까요? '통話'는 서로 직접 얼굴을 마주하고 이야기하는 것이 아니라 전화를 '통해' 서로 말을 주고받는 것을 이르는 말이랍니다.

한자 따라 쓰기 **1** 순서에 맞게 다음 한자를 써 보세요.

話 話 話 話 話 話 話 話 話 話 話 話 話

話	話					

한자 구별하기 **2** 다음 중 '말씀 화'를 찾아 동그라미를 치세요.

詰　詬　語　話　話　誥

✔ 서로 마주하여 이야기를 주고받는 것 또는 그 이야기를
뜻하는 말은?

대

✔ 어린이를 위해 지은 이야기 또는 그런 문학 작품을
이르는 말은?

동

✔ 신이나 신 같은 존재에 대해 전해 내려오는 신성한 이야기
또는 성공적인 업적을 비유적으로 이르는 말은?

신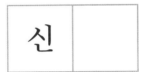

✔ 듣거나 말하지 못하는 사람들이 대화할 때 손짓, 몸짓으로
표현하는 의사 전달 방법을 이르는 말은?

수

한자 연결하기 4 각 뜻풀이를 읽고 알맞은 단어를 찾아 바르게 연결해 보세요.

사람들이 **이야기할** 때 그 대상이
되는 소재, **이야깃**거리 ·

· 일**話**

아직 세상에 널리 알려지지 않은
흥미 있는 **이야기** ·

· 전**話**

전화기를 이용하여 서로
이야기를 주고받는 것 ·

· **話**제

이야기를 하는 사람, 말하는 사람 ·

· 우**話**

서로 마주 대하고 **이야기함**,
외국어로 **이야기함** ·

· **話**자

동식물이나 사물을 주인공으로
하여 교훈과 풍자의 뜻을
나타내는 **이야기** ·

· 회**話**

국어 속 한자 찾기 5 다음 글을 읽고 '말씀 화'가 들어간 우리말에 동그라미를 치세요.

신화나 우화를 읽어보면 등장인물이 아닌 화자가 이야기를 이끌어 가는 경우가 많다. 창작 동화 중
에서도 주인공이 화자로 등장해 다른 등장인물과 대화하거나 등장인물들에 얽힌 이야기를 전하는
해설자 역할을 할 때가 있다. 글을 쓴 실제 작가와 작품 속 화자를 동일 인물로 생각하기 쉽지만 화자는
작가의 메시지를 대신 전달하는 가공의 인물이다.

다음 중 '말씀 화'가 쓰이지 않은 단어를 찾아 동그라미를 치세요.

화제   전화   일화   수화   회화   화재

1 〈보기〉에서 각 빈칸에 알맞은 한자와 뜻을 찾아 써 보세요.

보기
江 心 平 天 川 字 自 命 方 文

편할 편, 똥오줌 변 | 바다 해 | 번개전 | 그럴 연 | 말씀 어 | 말씀 화 | 편안할 안 | 땅 지 | 기운 기 | 한수/한나라 한

	地	海		電	氣	然
하늘 천			강 강	내 천		스스로 자	모 방

	便	安	漢		語	話
평평할 평	목숨 명		마음 심		글자 자	글월 문	

2 각 한자의 틀린 부분을 찾아 바르게 고쳐 써 보세요.

大	也	海	江	川	電	氣	白	然	方
하늘 천	땅 지	바다 해	강 강	내 천	번개 전	기운 기	스스로 자	그럴 연	모 방

卒	命	便	安	心	漢	子	交	話	語
평평할 평	목숨 명	편할편, 똥오줌변	편안할 안	마음 심	한수/한나라한	글자 자	글월 문	말씀 어	말씀 화

3 각 빈칸에 알맞은 한자와 뜻을 써 보세요.

天		江川		自	方
	땅 **지**	바다 **해**	번개 **전**	기운 **기**	그럴 **연**

平	命		心	字	文
	편할**편**, 똥오줌**변**	편안할 **안**	한수/한나라 **한**	말씀 **어**	말씀 **화**

[4~5] 다음 글을 읽고 문제에 답하세요.

지금은 멀리 있는 친구와 연락하려면 언제든지 휴대 **❶ 전화**를 이용하여 통화를 하거나 SNS를 사용하면 되지만, 전화나 **❷ 전기**가 없던 옛날에는 어떻게 했을까? 선사시대 동굴 벽화에서 알 수 있듯이 아주 먼 옛날에는 **㉠ 땅**이나 벽에 그림을 그려 생각을 전달했다. 이후에 그림을 간단하게 바꾼 **❸ 문자**를 만들어 사용하면서부터는 멀리 있는 사람이나, 후세 사람들에게도 **㉡ 자기**의 생각이나 **㉢ 마음**을 전달할 수 있게 되었다. 지금 우리가 배우는 **❹ 한자**도 지금으로부터 3,000년 전에 만들어진 상형문자(모양을 본떠서 그린 그림글자)에서 시작된 것이다.

4 다음 중 ❶ ~ ❹의 우리말 소리에 해당하는 한자를 써보세요.

❶ _____ ❷ _____ ❸ _____ ❹ _____

5 다음 중 ㉠ – ㉡ – ㉢의 의미를 나타내는 한자를 골라 보세요.

① 天 - 自 - 心   ② 地 - 自 - 安   ③ 地 - 自 - 心   ④ 地 - 自 - 便

 오늘 배울 국어 **속** 한자

봄 춘

부수 日 I 총 9획

春은 '봄', '젊다'를 뜻합니다.

봄은 겨우내 움츠러들었던 만물이 생동하는 시기이지요? 겨울잠을 자던 동물들이 깨어나고 새싹이 파릇하게 돋아나는 것처럼 봄은 생명이 소생하는 계절이라고 말합니다. 사람의 생애 주기로 치면 봄철은 한창 젊은 나이 또는 그런 시절에 해당하지요. 그런 의미에서 '청春'은 '한창 젊고 건강한 나이나 시절'을, '회春'은 '다시 젊어짐'을 비유적으로 표현한 말이랍니다.

한자 따라 쓰기 **1** 순서에 맞게 다음 한자를 써 보세요.

春 春 春 春 春 春 春 春 春

春	春				

한자 구별하기 **2** 다음 중 '봄 춘'을 찾아 동그라미를 치세요.

吞　香　看　春　眷　春

✔ 일 년 사계 중 봄철(3~5월)을 뜻하는 말은?

	계

✔ 봄철과 가을철에 입는 옷을 뜻하는 말은?

	추	복

✔ 봄철에 내리는 눈을 뜻하는 말은?

	설

✔ 봄철에 느끼는 증상으로, 몸이 나른하고 졸음이 오는 것을 이르는 말은?

	곤	증

한자 연결하기 **4** 각 뜻풀이를 읽고 알맞은 단어를 찾아 바르게 연결해 보세요.

봄이 시작됨 · · **春**풍

봄에 부는 바람 · · 회**春**

다시 **젊어짐**, 심한 병이 나아 건강을 되찾음 · · 입**春**

겨울을 지내고 맞는 새**봄** 또는 새로 시작하는 해 · · **春**분

젊은 나이나 **젊은** 시절 · · 신**春**

24절기의 하나로 일 년 중 낮과 밤의 길이가 같다는 **봄**날 · · 청**春**

국어 ⬇ 한자 찾기 **5** 다음 글을 읽고 '봄 춘'이 들어간 우리말에 동그라미를 치세요.

입춘은 24절기의 첫 번째 절기로, 춘계의 시작이다. 낮과 밤의 길이가 같아지는 춘계의 한가운데를 춘분이라고 한다. 매서운 겨울이 가고 춘풍이 부는 입춘이 돌아오면 올해 농사의 풍년을 기원하는 다양한 행사가 열린다. 춘분이 지나면 논밭에 씨를 뿌린다. 꽃샘추위에 춘설이라도 내리면 땅속 씨앗이 얼까 걱정이지만 농민에게 봄은 언제나 반갑다.

QUIZ 다음 중 '봄 춘'이 쓰이지 않은 단어를 찾아 동그라미를 치세요.

회춘	춘곤증	신춘	술춘	청춘	춘추복

 오늘 배울 **국어** 속 한자

여름 **하**

부수 夊 l 총 10획

夏는 '여름'을 뜻하는 한자입니다.

'입夏'와 '夏지'는 모두 여름철 절기를 이르는 말입니다. '입夏'는 여름이 시작되는 시기를 뜻하고, '夏지'는 연중 낮의 길이가 가장 길고 밤이 가장 짧은 시기를 뜻하지요.

고대 중국에 '夏나라'라는 국가가 있었습니다. '夏나라'는 지나족(중국 민족의 원형) 최초의 나라를 세운 임금의 이름에서 따온 국호이지요. 따라서 夏는 '중국, 중국인'이라는 의미도 지닙니다.

한자 따라 쓰기 *1* 순서에 맞게 다음 한자를 써 보세요.

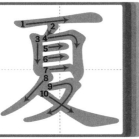

夏 夏 夏 夏 夏 夏 夏 夏 夏 夏

夏	夏				

한자 구별하기 *2* 다음 중 '여름 하'를 찾아 동그라미를 치세요.

厦 复 頁 貢 臭 夏

✔ 여름에 입는 옷을 이르는 말은?

	복

✔ 봄·여름·가을·겨울을 아울러 이르는 말은?

춘		추	동

✔ 일 년 중 낮이 가장 길고 밤이 가장 짧은 날로
   양력 6월 21~22일 무렵을 이르는 말은?

	지

✔ 보리, 밀 같이 여름에 익어서 거두는 곡식을 뜻하는 말은?

	곡

한자 연결하기 4 각 뜻풀이를 읽고 알맞은 단어를 찾아 바르게 연결해 보세요.

여름 시기, **여름** 기간 • • 염夏

무더운 **여름** 또는 **여름** 더위 • • 夏기

여름과 겨울 • • 夏동

24절기 중 **여름**인 절기,
여름철 기간 • • 입夏

계절이 **여름**인 때, **여름**철 • • 夏절기

일 년 중 **여름**이 시작되는 절기 • • 夏계

국어 ⇨ 한자 찾기 5 다음 글을 읽고 '여름 하'가 들어간 우리말에 동그라미를 치세요.

여름철을 이르는 한자어는 다양하다. 하기는 '여름의 시기'라는 뜻으로 '기간'을 강조한 말이고, 하계는 '계절이 여름인 동안'이라는 뜻으로 '계절'을 강조한 말이다. 하절기는 '여름인 절기'를 뜻하며 '계절'과 '기간'을 함께 이르는 말이다. 하기와 하계는 '하기 방학', '하계 방학'처럼 서로 바꿔 쓸 수 있지만 '기간'을 강조할 때는 하기를, '계절'을 강조할 때는 하계를 써야 한다.

QUIZ 다음 중 '여름 하'가 쓰이지 않은 단어를 찾아 동그라미를 치세요.

입하   하복   염하   춘하추동   하지   하천

오늘 배울 국어 **속** 한자

秋는 주로 '가을'을 뜻하지만 '세월'이라는 뜻도 지닙니다.

우리 속담에 '일각이 삼추 같다'는 말이 있습니다. '일각'은 한 시간의 1/4을 가리키는 '15분'을 의미하지요. '삼秋'는 본래 '가을 석 달 동안'을 뜻하지만 '세 번의 가을', 즉 '3년'이라는 의미도 있습니다. 다시 말해 '매우 짧은 시간이 3년처럼 느껴진다'라는 뜻으로, 무언가를 기다리는 매우 간절한 마음을 빗댄 표현이랍니다.

가을 추

부수 禾 | 총 9획

한자 따라 쓰기 **1** 순서에 맞게 다음 한자를 써 보세요.

秋 秋 秋 秋 秋 秋 秋 秋 秋

秋 秋

한자 구별하기 **2** 다음 중 '가을 추'를 찾아 동그라미를 치세요.

称　秋　秌　秩　秘　秧

각 질문을 읽고 알맞은 한자를 써넣어 단어를 완성해 보세요.

✔ 가을에 잘 익은 곡식을 거두어들임을 뜻하는 말은?

| | 수 |  |

✔ 봄과 가을을 아울러 뜻하는 말은?

| 춘 | | |

✔ 가을철, 곧 계절이 가을인 때를 이르는 말은?

| | 계 | 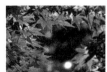 |

✔ 음력 8월 가을에 있는 명절로 중추절을 이르는 말은?

| | 석 |  |

각 뜻풀이를 읽고 알맞은 단어를 찾아 바르게 연결해 보세요.

가을바람 •　　• **秋**풍

음력 9월경 늦**가을** •　　• 만**秋**

한 해를 스물넷으로 나눈 절기의
하나로 **가을**이 시작된다는 날 •　　• 입**秋**

길고 오랜 **세월** •　　• 중**秋**

가을에 거두는 곡식 •　　• **秋**곡

음력 8월, **가을**이 한창인 때 •　　• 천**秋**

다음 글을 읽고 '가을 추'가 들어간 우리말에 동그라미를 치세요.

음력 8월 15일 추석은 우리나라 4대 명절 중 하나로, 한 해 농사를 마무리하고 추수한 추곡과 수확한 햇과일을 나누어 먹으며 조상께 풍성한 결실을 감사드리는 날이다. 같은 날을 중국에서는 '중추절', 일본에서는 '오봉절'이라고 부른다. 중추는 가을 석 달 중 한가운데에 있는 음력 8월이면서 8월의 한가운데인 15일에 든다는 의미로 붙은 이름이다. 한자 문화권에 속한 우리나라에서도 추석을 '중추, 중추절'이라 부르기도 한다.

QUIZ 다음 중 '가을 추'가 쓰이지 않은 단어를 찾아 동그라미를 치세요.

| 추풍 | 추억 | 춘**추** | 만**추** | 입**추** | 추계 |

오늘 배울 국어 **속** 한자

冬은 '겨울'이라는 뜻을 가진 한자입니다.

　'매우 추운 겨울'을 뜻하는 '한겨울' 대신 '엄동', '엄동설한'이라는 표현을 흔히 쓰지요? '엄동'은 '몹시 추운 겨울'을, '엄동설한'은 '눈이 내리는 한겨울의 심한 추위'를 뜻합니다. 겨울의 혹독한 추위를 의인화한 '동장군'이라는 표현도 자주 쓰이지만, 우리말이 아니라 일본어를 그대로 번역한 말이므로 쓰지 않는 것이 바람직합니다.

겨울 **동**

부수 冫 | 총 5획

한자 따라 쓰기 **1** 순서에 맞게 다음 한자를 써 보세요.

冬 冬 冬 冬 冬

冬	冬			

한자 구별하기 **2** 다음 중 '겨울 동'을 찾아 동그라미를 치세요.

夕　久　夊　夂　冬　仒

✔ 동물이 잠을 자면서 겨울을 보내는 것을 뜻하는 말은?

	면

✔ 겨울철에 입는 옷을 뜻하는 말은?

	복

✔ 겨울 동안 지내기 위해 먹고 사용할 생활용품 또는 겨울을 지내는 것을 뜻하는 말은?

월	

✔ 일 년 중 낮이 가장 짧고 밤이 가장 긴 날로 양력 12월 21~23일 무렵을 뜻하는 말은?

	지

한자 연결하기 4 각 뜻풀이를 읽고 알맞은 단어를 찾아 바르게 연결해 보세요.

겨울철 동안의 기간 · · 엄冬

몹시 추운 **겨울**, 한**겨울** · · 입冬

겨울철 첫 번째 절기로 **겨울**이 시작하는 절기 · · 冬절기

한**겨울**, 음력 11월, 양력 12월 · · 맹冬

늦**겨울**, 음력 12월, 양력 1월 · · 계冬

초**겨울**, 음력 10월, 양력 11월 · · 중冬

국어 속 한자 찾기 5 다음 글을 읽고 '겨울 동'이 들어간 우리말에 동그라미를 치세요.

동절기는 음력 10월부터 12월까지 석 달을 가리킨다. 음력 10월에 드는 맹동은 초겨울을, 음력 11월에 드는 중동은 한겨울을, 음력 12월에 드는 계동은 늦겨울을 이르는 말이다. 동절기는 여섯 절기로 이루어져 있으며 겨울의 시작을 알리는 '입동', 첫눈이 내리는 때인 '소설', 눈이 가장 많이 내리는 때인 '대설', 밤이 가장 긴 '동지', '작은 추위'를 뜻하는 '소한', '큰 추위'를 뜻하는 '대한'으로 나뉜다.

QUIZ

다음 중 '겨울 동'이 쓰이지 않은 단어를 찾아 동그라미를 치세요.

동면   엄동   월동   해동   동복   동지

오늘 배울 국어 **속** 한자

저녁 석

부수 夕 | 총 3획

夕은 저녁에 뜬 달의 모양을 본떠 만든 한자로, '저녁', '밤' 을 뜻합니다.

'가을 저녁'이라는 뜻의 '추夕'은 우리나라 최대 명절입니다. 음력 8월 15일에 드는 추석은 '음력 보름날(그달의 열다섯 번째 날) 밤에 뜨는 둥근 달'인 보름달이 환히 빛나는 날이지요. 옛 선조들은 어두운 밤에 찾아드는 두려움과 공포감을 달이 몰아낸다고 생각했습니다. '추夕' 때는 '가을 저녁' 하늘에 뜬 큰 보름달을 보면서 한 해 농사로 거둔 결실에 감사드리고 큰 잔치를 벌이는 풍습이 있답니다.

한자 따라 쓰기 **1** 순서에 맞게 다음 한자를 써 보세요.

夕 夕 夕

夕	夕					

한자 구별하기 **2** 다음 중 '저녁 석'을 찾아 동그라미를 치세요.

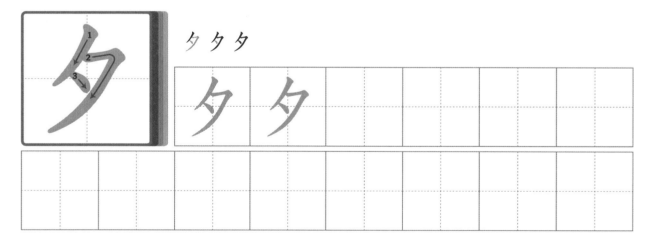

刃　乃　夂　久　夕　刀

✔ 저녁에 먹는 밥을 뜻하는 말은?

	식	

✔ 해가지는 저녁 무렵의 해 또는 그 햇빛을 이르는 말은?

	양	

✔ 우리나라 명절 중 하나로 음력 8월 15일, 송편을 빚고 풍성한 음식을 장만해 함께 나누는 날을 이르는 말은?

추		

✔ 추석에 입는 새 옷이나 신발 등을 이르는 말은?

추	빔	

한자 연결하기 **4** 각 뜻풀이를 읽고 알맞은 단어를 찾아 바르게 연결해 보세요.

아침과 **저녁**, 아침밥과 **저녁**밥 • • 夕간

매일 **저녁**에 발행되는 신문 • • 칠夕

음력 7월 7일 **저녁**, 오작교에서 견우와 직녀가 만난다는 날 • • 조夕

칠석날 **저녁**에 오는 비 • • 조夕 간만

아침**저녁**의 밀물 때와 썰물 때 • • 칠夕물

해가 진 어스름한 시기, 흐린 **저녁**때 • • 夕음

국어 ⇨ 한자 찾기 **5** 다음 글을 읽고 '저녁 석'이 들어간 우리말에 동그라미를 치세요.

음력 7월 7일 칠석, 오늘은 견우가 조석으로 기다려 온 날이다. 1년에 단 하루, 직녀와 만나는 날이기 때문이다. 서쪽 하늘이 석양으로 물든 저녁, 은하 동쪽에 있는 견우는 은하수에 까마귀와 까치가 놓아준 '오작교'를 건너 은하 동쪽에서 온 직녀와 상봉한다. 견우와 직녀가 흘리는 기쁨과 슬픔의 눈물에 빗대 칠석에 내리는 비를 칠석물이라고 부르기도 한다. 일부 지역에서는 칠월 칠석이 되면 다양한 제사를 올려 하늘에 기원을 드리는 칠석제를 연다.

QUIZ 다음 중 '저녁 석'이 쓰이지 않은 단어를 찾아 동그라미를 치세요.

조석 간만   추석빔   석음   석간   결석   석양

오늘 배울 **국어 속 한자**

낮 오

부수 十 | 총 4획

午는 '낮'을 뜻합니다. 원래 오전 11시부터 오후 1시에 이르는 낮 시간(오시)을 뜻하는 말로, 오시 이전을 '오전', 오시 이후를 '오후'라고 하지요.

'바를 정(正)'을 쓴 '정午'는 '바른 낮'이라는 의미일까요? 여기서 '정'은 '가운데'라는 뜻으로 쓰여 '정午'는 오전 11시와 오후 1시의 한가운데인 '낮 12시'를 가리킵니다.

'낮 午'가 쓰인 '午밤중'은 낮을 가리킬까요, 밤을 가리킬까요? '午밤중'은 '자정을 전후한 깊은 밤'을 뜻합니다. 옛날 사람들은 밤시간을 말할 때 오후 7시부터 오전 5시까지를 다섯으로 나눈 '午야'라는 표현을 쓰기도 했지요.

한자 따라 쓰기 **1** 순서에 맞게 다음 한자를 써 보세요.

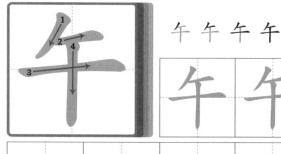

午 午 午 午

午	午					

한자 구별하기 **2** 다음 중 '낮 오'를 찾아 동그라미를 치세요.

于　尔　车　年　牛　午

✔ 해가 뜰 때부터 정오까지의 동안을 이르는 말은?

	전

✔ 캄캄한 밤중, 깊은 밤을 뜻하는 말은?

	밤	중

✔ 정오부터 해가 질 때까지의 동안을 이르는 말은?

	후

✔ 낮에 자는 잠, 낮잠을 이르는 말은?

	침		수

낮 열두 시 • • **午**전반

낮 12시 이전에 수업하는 반 • • **午**후반

낮 12시 이후에 수업하는 반 • • 정**午**

낮에 식사를 겸하며 하는 모임 • • **午**시

오전 11시부터 오후 1시까지의 **낮** 시간 • • **午**찬회

손님을 초대하여 **낮**에 먹는 식사 • • **午**찬

밤 12시는 '자정'이라 부르고, 자정을 기점으로 그 이전을 저문 날, 그 이후를 새날로 본다. 한편 낮 12시는 '정오'라고 부르며, 그 이전은 오전, 그 이후는 오후라고 한다. 시간대에 따라 같은 행동을 이르는 말도 달라진다. 손님을 저녁에 초대하여 함께하는 식사는 '만찬', 낮에 초대하여 함께하는 식사는 '오찬'이라 부른다. 오밤중에 자는 잠은 '취침', 대낮에 자는 잠을 '오수' 또는 '오침'이라고 한다.

QUIZ 다음 중 '낮 오'가 쓰이지 않은 단어를 찾아 동그라미를 치세요.

오시 오월 정오 오밤중 오찬회 오전반

오늘 배울 **국어 속 한자**

앞 전

부수 刂(刀) | 총 9획

前은 '앞', '~ 전', '이전'을 뜻합니다. 여기서 '앞'은 시간적, 공간적으로 앞선 것을 나타내는 말이지요.

'성탄절 前야', '혁명 前야', '축제 前야', '폭풍 前야'에서 쓰인 '前야'란 무슨 뜻일까요? 특정한 시기나 날을 기준으로 그전 시기나 그 전날 밤을 가리키는 말입니다.

'前야제'란 어떤 축제나 행사에 앞서 그 전날 밤에 여는 축제를 말합니다. 엄밀히 말하면 크리스마스이브도 '前야제'이지요.

한자 따라 쓰기 **1** 순서에 맞게 다음 한자를 써 보세요.

前 前 前 前 前 前 前 前 前

前	前						

한자 구별하기 **2** 다음 중 '앞 전'을 찾아 동그라미를 치세요.

俞　煎　前　剪　箭　萠

✔ 앞을 향해 있는 면이나 물체의 앞쪽 면을 이르는 말은?

	면

✔ 움직여서 앞으로 나아감을 뜻하는 말은?

	진

✔ 앞에 보이는 전체의 경치를 뜻하는 말은?

	경

✔ 식사하기 전 또는 아침을 먹기 전인 이른 아침을 아울러 이르는 말은?

	식

한자 연결하기 **4** 각 뜻풀이를 읽고 알맞은 단어를 찾아 바르게 연결해 보세요.

지금보다 **앞**　　　•　　•　이**前**

앞과 뒤, 처음과 마지막　　•　　•　**前**례

이전에 있었던 사례, **이전**부터
전해 내려오는 일 처리의 관습　•　　•　**前**후

얼굴을 마주대하여 보고 있는
바로 **앞**　　　　　•　　•　**前**주

음악 연주나 반주의 **앞**부분　•　　•　면**前**

어떤 일이 생기기 바로 **전**　•　　•　직**前**

국어⇨한자 찾기 **5** 다음 글을 읽고 '앞 전'이 들어간 우리말에 동그라미를 치세요.

풍선이 터지기 직전까지 빵빵하게 공기를 불어넣은 후 풍선 꼭지를 잡고 있다가 손을 놓으면 풍선은 꼭지 반대 방향으로 빠르게 날아간다. 공기를 밀어내는 힘으로 추진력을 얻은 풍선은 꼭지 반대 반향인 전면이 앞으로 나아간다. 빵빵하게 차 있던 공기가 빠져나가면서 풍선이 전진하듯 비행기나 로켓도 엔진이 내뿜는 가스로 추진력을 얻어 전진한다. 날아갈 힘을 얻는 원리가 같다는 말이다.

QUIZ 다음 중 '앞 전'이 쓰이지 않은 단어를 찾아 동그라미를 치세요.

전후　　직전　　전통　　전경　　식전　　이전

 오늘 배울 **국어 속 한자**

뒤 **후**

부수 彳 총 9획

後는 '뒤', '이후'를 뜻합니다. 여기서 '뒤'는 시간적, 공간적으로 다음에 오는 것을 말하지요.

後는 흔히 前(앞 전)의 반대말에 쓰입니다. '전진'의 반대말은 '後진', '전면'의 반대말은 '後면'이라고 하지요. 그런데 '後손'의 반대말에는 前을 쓰지 않습니다. 자식과 손자는 시간상 나보다 앞서 존재할 수 없기 때문이지요. 後손의 반대말은 '조상'입니다. '後계자'는 '어떤 일이나 사람의 뒤를 잇는 사람'이라는 뜻이니 반대말이 따로 없지요.

한자 따라 쓰기 **1** 순서에 맞게 다음 한자를 써 보세요.

後 後 後 後 後 後 後 後 後

後	後						

한자 구별하기 **2** 다음 중 '뒤 후'를 찾아 동그라미를 치세요.

復　徙　役　徐　俊　後

✔ 방이나 건물의 뒤에 있는 문을 이르는 말은?

 문

✔ 식사 뒤에 먹는 과일이나 아이스크림 같은 간단한 음식을 뜻하는 말은?

 식

✔ 같은 분야에서 자기보다 경력이나 지위가 아래인 사람 또는 학교를 자기보다 늦게 입학한 사람을 이르는 말은?

 배

✔ 학교에서 그날의 정해진 수업을 마친 뒤를 이르는 말은?

방 과

한자 연결하기 ④ 각 뜻풀이를 읽고 알맞은 단어를 찾아 바르게 연결해 보세요.

어떤 일을 겪고 난 **뒤**에
생긴 부작용, 병을 앓고 난 **뒤**에 •   • 직**後**
남아 있는 병적 증세

뒤에 오는 세대나 시대   •   • **後**유증

어떤 일이 있고 난 바로 **뒤**   •   • **後**대

뒤에서 도와줌   •   • **後**손

일이 지난 **뒤**에
잘못을 깨닫고 뉘우침   •   • **後**원

여러 세대가 지난 **이후**에
태어난 자손   •   • **後**회

국어 ⇦ 한자 찾기 ⑤ 다음 글을 읽고 '뒤 후'가 들어간 우리말에 동그라미를 치세요.

석유 고갈과 지구 온난화가 날이 갈수록 심각해지는 요즘, 현대인의 생활 방식이 우리 후손의 삶에 어떤 영향을 미칠지 진지하게 고민해야 할 때다. 에너지 낭비와 이산화탄소 배출은 이미 큰 후유증을 낳고 있다. 후대에게 우리가 누리고 있는 아름다운 지구를 물려주기 위해서라도 친환경적인 생활 방식으로 바꿔야 한다. 소중한 지구를 잃은 뒤에 후회해 봐야 이미 한참 늦은 뒤다.

QUIZ 다음 중 '뒤 후'가 쓰이지 않은 단어를 찾아 동그라미를 치세요.

| 후원 | 후식 | 직후 | 후보자 | 후회 | 후문 |

 오늘 배울 **국어 속** 한자

낯 면

부수 面 | 총 9획

面이 들어있는 단어는 '얼굴', '겉면', '면', '표면'이라는 뜻과 관련됩니다.

'외面'은 面이 '얼굴'이라는 뜻으로 쓰이면 '얼굴을 다른 쪽으로 돌림'을 의미하고, '표면'이라는 뜻으로 쓰이면 '겉으로 드러나 보이는 면'을 의미합니다. 이처럼 같은 한자를 사용한 같은 단어인데도 面의 뜻 쓰임에 따라 다른 뜻을 가진답니다.

한자 따라 쓰기 **1** 순서에 맞게 다음 한자를 써 보세요.

面 面 面 面 面 面 面 面 面

面	面					

한자 구별하기 **2** 다음 중 '낯 면'을 찾아 동그라미를 치세요.

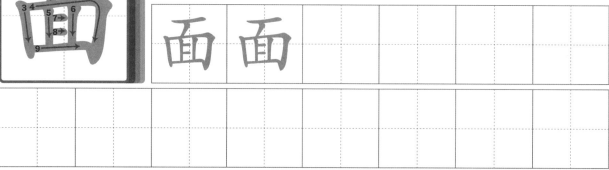

西　兩　酉　而　頁　面

✓ 면도기 등으로 얼굴 표면에 난 수염을 미는 것을
뜻하는 말은?

	도

✓ 얼굴을 씻을 수 있도록 시설을 갖춘 받침대를 뜻하는 말은?

세		대

✓ 얼굴을 감추거나 달리 보이기 위해 얼굴에 쓰는 물건을
뜻하는 말은?

가	

✓ 독가스나 유해물질로 인한 피해를 막기 위해 얼굴에 쓰는
마스크를 뜻하는 말은?

방	독	

한자 연결하기 4 각 뜻풀이를 읽고 알맞은 단어를 찾아 바르게 연결해 보세요.

물건의 밑바닥을 이루는 **겉면** • • 곡**面**

어떤 대상의 왼쪽이나
오른 쪽 **면**, 옆**면**, 한쪽 **면** • • 밑**面**

평평하지 않고 휜 **면** • • 측**面**

얼굴, 서로 **얼굴**을
알 만한 친분 • • 안**面**

똑바로 마주 보는 **면**,
앞쪽으로 향한 **면** • • **面**담

얼굴을 보면서 이야기하거나
의견을 나눔 • • 정**面**

국어 ⇔ 한자 찾기 5 다음 글을 읽고 '낯 면'이 들어간 우리말에 동그라미를 치세요.

원뿔은 밑면이 원이고 측면이 곡면으로 이루어진 뿔 모양의 입체 도형이다. 아이스크림콘이나 고깔
모자의 모양이 원뿔을 닮았다. 음료수 캔 같은 원기둥은 밑면이 원이고 측면이 곡면이라는 점은 원
뿔과 같지만 정면에서 볼 때 원뿔의 측면은 기울어진 반면 원기둥의 측면은 직선을 이룬다는 점에서
다르다.

QUIZ 다음 중 '낯 면'이 쓰이지 않은 단어를 찾아 동그라미를 치세요.

가면	면담	세면대	면역	정면	안면

 오늘 배울 국어 **속** 한자

안 내

부수 入 | 총 4획

內가 들어있는 단어는 '안', '속', '뱃속' 등과 관련한 뜻을 가집니다.

작은 동네 의원보다 규모가 훨씬 큰 종합병원은 '內과'를 '심장內과', '소화기內과', '호흡기內과' 등으로 세분화해 다양한 진료 과목을 갖추고 있습니다. 심장, 소화기, 호흡기 모두 우리 인체의 내장 기관이지만 각 과목마다 전문의를 두어 다양한 장기를 정확하게 진단하고 치료하기 위해서이지요.

한자 따라 쓰기 **1** 순서에 맞게 다음 한자를 써 보세요.

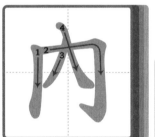

內 內 內 內

內	內				

한자 구별하기 **2** 다음 중 '안 내'를 찾아 동그라미를 치세요.

冈　四　囚　內　凶　円

✔ 도시의 안을 뜻하는 말은?

시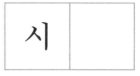

✔ 상대가 모르는 어떤 내용이나 장소 등을 소개하여 알려주는 것을 뜻하는 말은?

안

✔ 가슴 속과 뱃속에 있는 여러가지 기관을 통틀어 이르는 말은?

장

✔ 야외의 반대말로, 방이나 건물 등의 안을 가리키는 말은?

실

한자 연결하기 4 각 뜻풀이를 읽고 알맞은 단어를 찾아 바르게 연결해 보세요.

어떤 포장 **안**에 들어있는 것, 말 또는 글 등의 기본 줄거리 •

• **內**심

병원이나 유치원, 학원 같이 '원'자가 붙은 기관의 **안** •

• 원**內**

겉으로 드러내지 않는 **속**마음 •

• **內**용

나라의 **안** •

• 국**內**

한 나라 **안**에서 편을 가르고 싸움 •

• 이**內**

거리나 시간 등을 나타내는 단어 뒤에 쓰여 일정한 범위나 한도의 **안**을 가리킴 •

• **內**전

국어 속 한자 찾기 5 다음 글을 읽고 '안 내'가 들어간 우리말에 동그라미를 치세요.

어니스트 헤밍웨이가 쓴 〈누구를 위하여 종은 울리나〉는 스페인 내전을 배경으로 한 소설이다. 그는 전쟁 상황을 보도하는 *종군 기자로 활동하면서 스페인 내전을 취재하며 겪은 내용을 소설에 담아 전쟁의 실상과 폭력성을 고발했다. 스페인 내전은 나라 안팎으로 여러 어려움을 겪던 스페인의 장군 프랑코가 카나리아에서 반란을 일으키고 국내에서 육군이 호응하면서 시작되었다.

*종군 기자: 취재를 위해 군대를 따라 전쟁터에 같이 다니며 전투 상황을 보도하는 기자

QUIZ 다음 중 '안 내'가 쓰이지 않은 단어를 찾아 동그라미를 치세요.

시내   인내   원내   안내   실내   이내

 오늘 배울 국어 **속** 한자

바를 정

부수 止 | 총 5획

正은 '바르다', '옳다', '올바르다'를 뜻합니다.

'출입문'을 뜻하는 '正문'에는 왜 正이 쓰였을까요? 正은 '주가 되는 것, 기본이나 중심이 되는 것'이라는 뜻도 있습니다. '正문'은 건물 정면에 있어 사람들이 주로 드나드는 문을 말하지요.

'正말'은 '바른 말, 거짓이 없는 말'이라는 의미로 '正'은 한자이고, '말'은 순우리말입니다. 이렇게 한자와 순우리말이 결합해 만들어진 말을 '합성어'라고 하지요.

한자 따라 쓰기 **1** 순서에 맞게 다음 한자를 써 보세요.

正 正 正 正 正

正 正

한자 구별하기 **2** 다음 중 '바를 정'을 찾아 동그라미를 치세요.

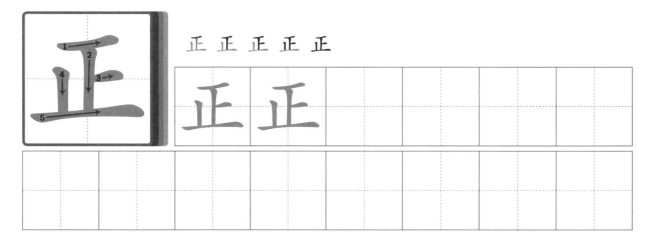

止 正 疋 丐 玉 土

3 각 질문을 읽고 알맞은 한자를 써넣어 단어를 완성해 보세요.

✔ 질문에 대한 옳은 답을 뜻하는 말은?

✔ 물건의 앞쪽 면 또는 똑바로 마주 보이는 면을 이르는 말은?

✔ 올바르지 않거나 옳지 못함, 정당하지 않음을 뜻하는 말은?

✔ 시각을 나타내는 말의 앞뒤에 쓰여 틀림없는 바로 그 시각을 이르는 말은?

4 각 뜻풀이를 읽고 알맞은 단어를 찾아 바르게 연결해 보세요.

이전에 잘못된 것을 **올바르게**
고치는 것   ●   ● **正**말

바르고 확실함   ●   ● 수**正**

거짓이 없이 사실 그대로,
바른 말   ●   ● **正**확

알맞고 **바른** 정도   ●   ● **正**의

진리에 맞는 **옳고 바른** 도리 ●   ● 적**正**

태도나 방법이 **올바르고** 당당함 ●   ● **正正**당당

5 다음 글을 읽고 '바를 정'이 들어간 우리말에 동그라미를 치세요.

오늘은 정말 오랫동안 준비해 온 시험을 보는 날이다. 시험 시작 전에 부정행위 관련 안내 방송이 나
왔다. 나는 정정당당하게 시험을 보겠다고 다짐했다. 오전 9시 정각. 드디어 시험이 시작되었고, 나
는 답지에 정답을 써 내려가면서 실수가 없는지 되풀이해 확인했다. 마지막 5분을 남기고 한 번 더
정답을 확인하고 나서야 마음이 놓였다.

다음 중 '바를 정'이 쓰이지 않은 단어를 찾아 동그라미를 치세요.

| 정면 | 정확 | 정의 | 정각 | 수정 | 걱정 |

 오늘 배울 국어 **속** 한자

邑은 '고을' 또는 행정구역인 '읍'을 뜻하며, 주로 우리나라 행정구역 이름을 나타내는 고유명사에 쓰입니다.

'邑면동'은 무슨 뜻일까요? 우리나라 행정구역은 서울특별시와 6개의 광역시, 8개의 도(道), 제주특별자치도와 세종특별자치시로 나뉩니다. 특별시와 광역시는 구(區) 또는 군(郡)을, 구는 동(洞)을 두고 있지요. 도는 시(市) 또는 군(郡)으로, 시와 군은 邑·면(面)으로, 邑이나 면은 동(洞)이나 리(里)로 나뉩니다. '邑면동'은 이처럼 도의 행정 구역 단위를 아울러 이르는 말이지요.

고을 읍

부수 邑 | 총 7획

한자 따라 쓰기 **1** 순서에 맞게 다음 한자를 써 보세요.

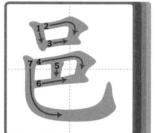

邑 邑 邑 邑 邑 邑 邑

한자 구별하기 **2** 다음 중 '고을 읍'을 찾아 동그라미를 치세요.

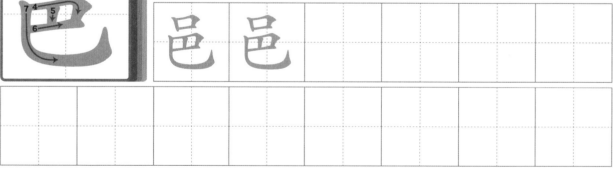

✔ 예전에 한 나라의 수도를 이르던 말로 지금의 서울을 뜻하는 말은?

도	

✔ 읍의 행정 사무를 맡아보는 기관의 우두머리를 뜻하는 말은?

	장

✔ 지방 행정 구역인 읍에 사는 사람을 이르는 말은?

	민

✔ 읍의 행정 사무를 맡아보는 기관을 이르는 말은?

	사	무	소

한자 연결하기 4 각 뜻풀이를 읽고 알맞은 단어를 찾아 바르게 연결해 보세요.

읍의 구역 안 • • 읍내

성으로 둘러싸인 고을 • • 읍촌

읍과 촌을 아울러 이르는 말 • • 성읍

옛 읍 또는 옛날에 군의 행정 사무를 맡아보는 청사가 있던 마을 • • 도읍지

옛날에 한 나라의 수도로 정한 곳 • • 시읍면

'시'와 '읍'과 '면'을 아울러 이르는 말 • • 고읍

국어 속 한자 찾기 5 다음 글을 읽고 '고을 읍'이 들어간 우리말에 동그라미를 치세요.

〈오백년 도읍지를〉은 고려 말 문신인 길재가 지은 시조다. 길재는 고려가 망하고 조선이 개국하면서 한양으로 도읍이 이전된 뒤 개성을 다시 찾아 그곳에서 느낀 심정을 이 시조에 담았다. 예전의 모습을 그대로 간직하고 있는 옛 도읍 개성이 수도가 아닌 성읍으로 변한 현실을 개탄하고 옛 고려왕조를 회고하며 지은 것이라고 하여 '회고가'라고도 불린다.

QUIZ 다음 중 '고을 읍'이 쓰이지 않은 단어를 찾아 동그라미를 치세요.

읍민	읍내	읍장	읍소	도읍	고읍

 오늘 배울 국어 속 한자

곧을 **직**

부수 目 | 총 8획

直은 '곧다', '곧', '바로', '즉각'를 뜻합니다.

'直선'과 '直접'의 뜻에 대해 생각해 볼까요? 꺾이지 않고 곧은 선을 뜻하는 '直선'은 수학적으로 '두 점 사이를 가장 짧게 연결한 선'을 말합니다. 두 점 말고 다른 점을 지나간다면 가장 짧게 연결한 선이 아니지요. 마찬가지로 '直접'도 중간에 아무것도 거치지 않고 바로 연결된 관계를 말한답니다.

한자 따라 쓰기 **1** 순서에 맞게 다음 한자를 써 보세요.

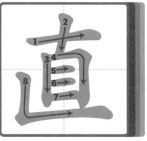

直 直 直 直 直 直 直 直

直	直					

한자 구별하기 **2** 다음 중 '곧을 직'을 찾아 동그라미를 치세요.

值 直 頁 盾 查 苴

✓ 꺽이지 않고 굽은 데가 없는 곧은 선을 이르는 말은?

	선

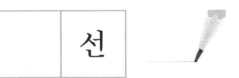

✓ 두 직선이 만나서 이루는 90도의 각을 이르는 말은?

	각

✓ 똑바로 곧게 나아감을 뜻하는 말은?

	진

✓ 굽지 않고 곧게 바로 섬을 뜻하는 말은?

	립

한자 연결하기 4 각 뜻풀이를 읽고 알맞은 단어를 찾아 바르게 연결해 보세요.

두 개의 **곧은** 선이 만나
서로 직각을 이루는 상태 · · 直전

어떤 일이 일어나기 **바로** 전 · · 정直

마음에 거짓이 없고 바르고 **곧음** · · 수直

도중에 다른 곳에 들르지 않고
바로 감 · · 直감

혈연이 친자 관계에 의하여
직접적으로 이어져 있는 계통 · · 直행

곧바로 느껴서 아는 것,
즉각 판단할 수 있는 느낌 · · 直계

국어 속 한자 찾기 5 다음 글을 읽고 '곧을 직'이 들어간 우리말에 동그라미를 치세요.

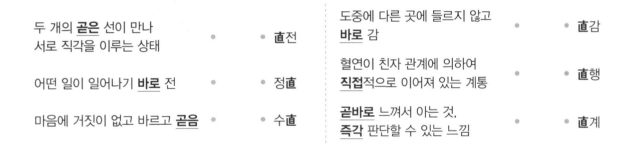

두 직선이 만날 때 이루는 각은 다양하다. 두 직선이 서로 포개지면 각도는 0도가 된다. 두 직선이 수직으로 만나 각도가 90도를 이루면 직각이라고 한다. 반면 두 직선이 서로 만나지 않고 나란히 놓이면 '평행'이라고 한다. 기차가 계속 직진하는 것도 두 철로가 만나지 않고 서로 평행하게 뻗어 나가기 때문이다.

QUIZ 다음 중 '곧을 직'이 쓰이지 않은 단어를 찾아 동그라미를 치세요.

직행	직립	직전	정직	직원	직감

오늘 배울 국어 **속** 한자

立은 '서다', '세우다'를 뜻합니다.

'일어나 서 있음'이라는 뜻의 '기立'이나 '지정된 자리 없이 서서 구경하거나 타고 가는 자리'라는 뜻의 '立석'처럼 사람이 일어서 있는 모습을 나타낼 때도 쓰이지만, '남에게 의존하지 않고 스스로 서 있음'이라는 뜻의 '자立', '중간 입장'을 뜻하는 '중立'처럼 눈에 보이지 않는 의지나 개념을 나타낼 때도 쓰입니다.

'立춘', '立하', '立추', '立동'에 쓰인 立은 '곧, 즉시'를 뜻합니다. 새로운 계절이 곧 시작된다는 의미를 나타내지요. 이처럼 단어의 첫음으로 쓰일 때는 '입'으로 읽습니다.

설 **립(입)**

부수 立 ㅣ 총 5획

한자 따라 쓰기 1 순서에 맞게 다음 한자를 써 보세요.

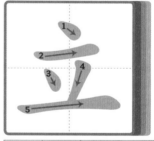

立 立 立 立 立

立 立

한자 구별하기 2 다음 중 '설 립'을 찾아 동그라미를 치세요.

位　主　立　표　兰　方

✔ 남에게 속박되거나 다른 것에 의존하지 않고
   홀로 섬을 뜻하는 말은?

독 　

✔ 스물넷으로 나눈 절기의 하나로 봄이 곧 시작한다는 날을
   뜻하는 말은?

　 춘

✔ 일어나서 서는 것을 뜻하는 말은?

기 　

✔ 동상, 건물, 탑 등을 만들어 세우는 것을 뜻하는 말은?

건 　

한자 연결하기 4 각 뜻풀이를 읽고 알맞은 단어를 찾아 바르게 연결해 보세요.

기관이나 단체를 새로
만들어 **세움**　　　•　　　• 고**立**

의견이나 처지 등이 서로
맞**서거나** 또는 그런 관계　•　　• 창**立**

외롭게 홀로 **섬**, 다른 사람과
어울리지 않아 외톨이가 됨　•　• 대**立**

교통수단, 공연 등에서
지정된 자리가 없어
서서 타거나 구경하는 자리　•　• **立**석

어느 편에도 치우치지 않고
중간에 **섬**　　　•　　　• 자**立**

남에게 의지하지 않고
스스로의 힘으로 **섬**　•　　• 중**立**

국어 ⇨ 한자 찾기 5 다음 글을 읽고 '설 립'이 들어간 우리말에 동그라미를 치세요.

1919년 입춘이 갓 지난 2월 8일, 도쿄에서 조선 유학생 600여 명이 결집해 독립선언서를 낭독했다.
뒤이어 3월 1일에는 서울에서 민족 대표 33인이 모여 독립 선언식을 거행했다. '3·1 운동'이 시작된
것이다. 거리는 '대한독립만세' 소리로 가득 찼고 일본 헌병들은 끝없는 만세 행렬을 이어가는 조선
인들과 대립하며 총칼을 휘둘렀다. 조선인들은 이에 굴하지 않고 전국으로 자주 독립 정신을 전파하
여 조국 자립의 기초가 되었다.

QUIZ 다음 중 '설 립'이 쓰이지 않은 단어를 찾아 동그라미를 치세요.

창립　　고립　　기립　　건립　　입력　　입석

쉴 휴

부수 亻(人) | 총 6획

🐻 오늘 배울 국어 속 한자

休는 '쉬다'를 뜻합니다. '쉬다'에는 '몸을 편안한 상태로 두다'라는 의미뿐 아니라 '그만두다', '멈추다'라는 의미도 있지요.

'休지'는 '쉬는 종이'라는 뜻일까요? '休지'에는 두 가지 뜻이 있습니다. '위생용으로 쓰는 얇은 종이'라는 뜻으로 쓰일 때는 '화장지'와 같은 의미를 나타내고 '더는 쓸모가 없는 종이'라는 뜻으로 쓰일 때는 '폐지'와 같은 의미를 나타내지요.

한자 따라 쓰기 **1** 순서에 맞게 다음 한자를 써 보세요.

休 休 休 休 休 休

休	休						

한자 구별하기 **2** 다음 중 '쉴 휴'를 찾아 동그라미를 치세요.

休　体　休　佚　伎　伏

✔ 쉬는 날인 휴일이 이틀 이상 계속되는 날을 뜻하는 말은?

연	

✔ 사람들이 잠깐 동안 머물러 쉴 수 있도록 마련하여 놓은 장소를 이르는 말은?

	게	소

✔ 학업이나 근무 또는 군복무 중에 일정한 기간 동안 쉬는 일이나 그 기간을 뜻하는 말은?

	가

지금은
휴가중입니다.

✔ 6·25전쟁이 휴전함으로써 양측이 합의하에 만든 군사 경계선을 이르는 말은?

	전	선

한자 연결하기 **4** 각 뜻풀이를 읽고 알맞은 단어를 찾아 바르게 연결해 보세요.

학교가 수업을 하지 않고 한동안 **쉼** • • **休**교

하던 일을 멈추고 잠시 **쉼** • • **休**식

강의를 하지 않고 **쉼** • • **休**강

일정기간 동안 맡은 일을 하지 않고 **쉼** • • **休**양

편안히 **쉬면서** 병든 몸과 지친 마음을 잘 돌봄 • • **休**무

질병이나 사고, 기타 사정으로 인해 일정 기간 동안 학교를 **쉬는** 일 • • **休**학

국어 ⇔ 한자 찾기 **5** 다음 글을 읽고 '쉴 휴'가 들어간 우리말에 동그라미를 치세요.

지난 추석 연휴 전날 경상남도의 한 초등학교에서 급식을 먹은 학생 중 92명이 복통, 구토, 설사 등 식중독 증세를 보여 병원 치료를 받았다. 환자들은 치료를 받고 귀가해 휴식을 취하고 있으나 당분간 휴양이 필요한 것으로 알려졌다. 학교 측은 급식을 중단하고 임시 휴교에 들어갔으며 보건당국은 원인을 파악하기 위해 역학조사에 나섰다.

QUIZ

다음 중 '쉴 휴'가 쓰이지 않은 단어를 찾아 동그라미를 치세요.

휴게소	**휴**무	**휴**학	**휴**가	**휴**전선	**휴**대

오늘 배울 국어 속 한자

종이 **지**

부수 糸 | 총 10획

紙는 '종이'를 뜻하는 한자입니다.

이사철이면 새로 도배를 하는 집이 많지요? '도배'란 방이나 집의 벽에 종이를 바르는 일을 이르는 말로, 도배에 쓸 벽지를 파는 곳을 '紙물포'라고 부릅니다. '紙물포'란 '온갖 종이를 파는 가게'를 뜻하는 말이지요.

한자 따라 쓰기 **1** 순서에 맞게 다음 한자를 써 보세요.

紙 紙 紙 紙 紙 紙 紙 紙 紙 紙

紙	紙								

한자 구별하기 **2** 다음 중 '종이 지'를 찾아 동그라미를 치세요.

糺　祇　糾　紈　紙　紑

✔ 종이에 인쇄해서 만든 화폐(돈)를 이르는 말은?

 폐

✔ 더러운 것을 닦는 등 위생용으로 쓰는 종이를 뜻하는 말은?

휴

✔ 우리나라 고유의 방법으로 만든 종이를 이르는 말은?

한

✔ 종이나 비닐 등으로 만든 물건을 담을 수 있는 주머니를 이르는 말은?

봉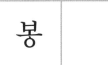

어떤 일에 쓰는 **종이** •   • 색**紙**

시험 문제가 쓰인 **종이** •   • 용**紙**

여러 가지 색깔로 물을 들인 **종이** •   • 시험**紙**

전하고 싶은 안부나 소식 등을 **종이**에 적어 보내는 글 •   • **紙**면

종이의 겉면, 신문 기사나 글이 실리는 **종이**의 면 •   • 편**紙**

도배할 때 벽에 바르는 **종이** •   • 벽**紙**

미술 선생님이 공지한 대로 학생들은 모자이크 수업에 필요한 종이를 다양하게 준비해 왔다. 대다수 학생이 색지를 가져왔지만 특이한 재료를 가져온 학생들도 있었다. 민우는 한지를, 봄이는 벽지를 가져왔다. 휴지와 과자 봉지도 눈에 띄었다. 성우는 5만원짜리 지폐를 가져와 모두를 놀라게 했다. 알고 보니 가수 얼굴이 그려진 가짜 지폐였다.

QUIZ 다음 중 '종이 지'가 쓰이지 않은 단어를 찾아 동그라미를 치세요.

잡**지**   시험**지**   편**지**   **지**면   용**지**   벽**지**

오늘 배울 **국어 속** 한자

色은 '빛, 빛깔', '색, 색깔'을 뜻합니다.

'안色'은 '얼굴빛(낯빛)'을 의미합니다. 때론 '色' 자체가 '안색(얼굴빛)'이라는 뜻으로 쓰이기도 합니다. '희色'은 '기뻐하는 얼굴빛', '화色'은 '온화하고 환한 얼굴빛', '사色'은 '죽은 사람처럼 창백한 얼굴빛', '아연실色'은 '예상치 못한 일에 얼굴빛이 변할 만큼 크게 놀람'을 뜻하는 것처럼 말이지요.

빛 **색**

부수 色 | 총 6획

한자 따라 쓰기 **1** 순서에 맞게 다음 한자를 써 보세요.

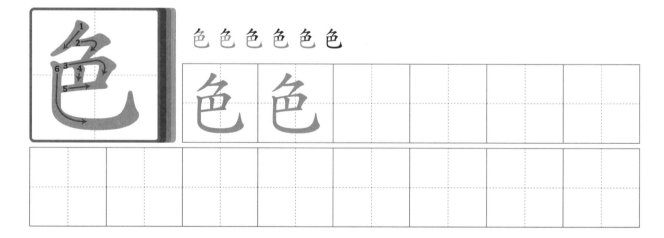

色 色 色 色 色 色

한자 구별하기 **2** 다음 중 '빛 색'을 찾아 동그라미를 치세요.

邑　包　岜　爸　龟　色

✔ 빨강, 노랑, 파랑처럼 색 자체가 갖는 고유한 특성을 뜻하는 말은?

	상

✔ 풀이나 나뭇잎과 같은 색을 뜻하는 말은?

초	록	

✔ 여러 가지 색깔이 나는 연필을 뜻하는 말은?

	연	필

✔ 여러 가지 색깔로 물들인 종이를 뜻하는 말은?

	종	이

한자 연결하기 **4** 각 뜻풀이를 읽고 알맞은 단어를 찾아 바르게 연결해 보세요.

속마음이 드러난 **얼굴빛** • • 기**色**

색깔이 나게 하는 성분 • • **色**소

감정변화로 드러나는 **얼굴빛** • • 내**色**

천이나 머리카락 등에 **색깔**로 물을 들임 • • **色**맹

천이나 머리카락 등에 물들어 있는 **색깔**을 뺌 • • 염**色**

색을 구별하지 못하는 증상 • • 탈**色**

국어 속 한자 찾기 **5** 다음 글을 읽고 '빛 색'이 들어간 우리말에 동그라미를 치세요.

별이가 들어오자 엄마는 깜짝 놀랐다. 방학이 되면 염색을 해도 된다고 허락했지만 설마 초록색 머리를 하고 들어올 줄이야. 엄마는 놀란 기색을 애써 감추며 아무 내색도 하지 않고 아빠가 귀가하면 함께 타이르기로 했다. "아빠, 다녀오셨어요?" 하고 반갑게 맞이하는 별이를 본 아빠의 얼굴에 화색이 돈다. 엄마는 '아차' 싶었다. 아빠가 색맹이라는 사실을 깜빡 잊었던 것이다.

QUIZ 다음 중 '빛 색'이 쓰이지 않은 단어를 찾아 동그라미를 치세요.

색소 기색 색상 색연필 검색 내색

38일차

7급
중학교 필수

 오늘 배울 국어 속 한자

오를 등

부수 癶 | 총 12획

登은 '오르다', '나가다', '나타나다', '뽑아 올리다'를 뜻합니다.

'신인 작가들의 등용문', '배우 지망생들의 등용문'과 같은 표현에서 자주 쓰이는 '登용문'은 '용문에 오르면 용이 된다'라는 의미로, '용문'이란 중국 황허 강 협곡의 센 물살을 가리킵니다. 물고기가 물살이 심한 곳을 거슬러 오르기란 어려운 일이니 '어려운 관문이나 시험을 통과하여 출세함' 또는 '험난한 관문'을 비유적으로 표현한 말이지요.

한자 따라 쓰기 **1** 순서에 맞게 다음 한자를 써 보세요.

登 登 登 登 登 登 登 登 登 登 登 登

登	登				

한자 구별하기 **2** 다음 중 '오를 등'을 찾아 동그라미를 치세요.

癸　答　燈　登　發　盤

84 국어 속 한자 38일차

☑ 학생이 학교에 가는 것을 뜻하는 말은?

	교

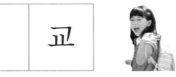

☑ 학교에 가는 학생을 뜻하는 말은?

	교	생

☑ 산에 오르거나 산에 오르는 일을 뜻하는 말은?

	산

☑ 무대에 나옴 또는 어떤 사람이나 물건이 나타남을 뜻하는 말은?

	장

한자 연결하기 4 각 뜻풀이를 읽고 알맞은 단어를 찾아 바르게 연결해 보세요.

산이나 높은 곳의 꼭대기에 **오름** •

허가나 일정한 자격을 받기 위해
단체나 기관에 문서를 **올림** •

주로 작품이 뽑혀 문단에
처음으로 **오름** •

• 登단

• 登록

• 登정

산에 **오를** 수 있도록 내어져
있는 길 •

인재를 골라 **뽑아 올려** 씀 •

험한 산이나 높은 곳의 정상에
이르기 위해 **오름** •

• 登용

• 登반

• 登산로

국어 속 한자 찾기 5 다음 글을 읽고 '오를 등'이 들어간 우리말에 동그라미를 치세요.

학교 앞 대로에서 정문을 거쳐 교실까지 가려면 가파른 언덕길을 걸어 올라가야 한다. 등교가 곧 등산인 셈이다. 오늘도 등산로(등굣길)에는 등산객(등교생)들이 줄지어 오르고 있다. 등정에 성공해야 교실에 도착할 수 있으니 땀을 뻘뻘 흘리며 등반한다. 수업이 끝나면 학생들은 다시 등산객이 되어 삼삼오오 하산한다.

QUIZ 다음 중 '오를 등'이 쓰이지 않은 단어를 찾아 동그라미를 치세요.

등장	등용	등록	신호등	등단	등정

 오늘 배울 국어 속 한자

살 주

부수 亻(人) | 총 7획

住는 '살다', '사는 집'을 뜻합니다.

'의식住'란 사람이 살아가는 데 필요한 세가지 기본요소 '옷, 음식, 집'을 한데 묶어 가리키는 말입니다. 여기서 住는 '(사람이) 살아가다, 생활하다'라는 의미의 동사가 아닌 '住거' 공간, 즉 '일정한 곳에 자리 잡아 머물러 사는 집'이라는 뜻의 명사로 쓰인 것이지요.

한자 따라 쓰기 1 순서에 맞게 다음 한자를 써 보세요.

住 住 住 住 住 住 住

住	住				

한자 구별하기 2 다음 중 '살 주'를 찾아 동그라미를 치세요.

仁　位　任　佳　住　往

✔ 사람이 사는 곳이나 기관, 회사 등이 자리 잡은 곳을
행정 구역으로 나타낸 이름을 뜻하는 말은?

 소

✔ 일정한 주소나 거주지를 가진 사람을 이르는 말은?

 민

✔ 사람이 들어가 살 수 있도록 지은 건물을 이르는 말은?

 택

✔ 일정한 곳에 머물러 사는 것을 이르는 말은?

 거

한자 연결하기 4 각 뜻풀이를 읽고 알맞은 단어를 찾아 바르게 연결해 보세요.

어떤 지역에 늘 일정하게
살고 있음　　　　　　　　•　　　　• 상住

한곳에 오래 **삶**　　　　　　•　　　　• 이住

본래 살던 집에서 다른 집으로
사는 집을 옮김　　　　　　•　　　　• 영住

새집에 들어가 **삶**　　　　•　　　• 거住

한곳에 자리 잡고 편안히 **삶**,
더 나아지고자 하지 않고　　•　　　• 입住
현재에 만족함

일정한 곳에 머물러 **삶**　•　　　• 안住

국어 ⇨ 한자 찾기 5 다음 글을 읽고 '살 주'가 들어간 우리말에 동그라미를 치세요.

도시에 살던 봄이네 가족은 얼마 전 시골 마을로 이사했다. 부모님께서 오랫동안 꿈꿔 온 전원주택
에 입주한 것이다. 봄이는 오늘 주소 이전 신청을 하러 주민센터로 향하는 어머니를 따라나섰다. 아
버지는 가족이 안주할 수 있는 넉넉한 공간이 생겼다고 기뻐하셨다. 편리한 도시 생활에 익숙했던
봄이는 걱정 반, 기대 반으로 이곳에 거주하며 시작될 새로운 생활을 준비했다.

 QUIZ 다음 중 '살 주'가 쓰이지 않은 단어를 찾아 동그라미를 치세요.

상주　　주민　　주말　　영주　　의식주　　이주

🐻 오늘 배울 국어 **속** 한자

임금/주인 주

부수 丶 | 총 5획

主는 '임금', '주인'을 뜻하면서 '주체', '중심', '주되다'라는 의미도 지닙니다.

'主어'는 '서술어'와 더불어 문장을 만들 때 꼭 필요한 성분입니다. "새롬이가 밥을 맛있게 먹었다."에서 서술어는 '먹었다'이고, '먹는 행위'의 주체이자 주어가 바로 새롬인 것이지요.

'主제'는 '중심'이 되는 문제, '중심' 사상을 말하고, '主치의'는 어떤 사람의 병을 '주로' 맡아서 치료하는 의사'를 말하지요.

한자 따라 쓰기 **1** 순서에 맞게 다음 한자를 써 보세요.

主 主 主 主 主

主 主

한자 구별하기 **2** 다음 중 '임금/주인 주'를 찾아 동그라미를 치세요.

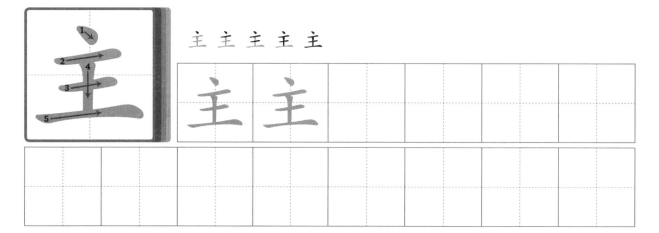

𡈼　圭　住　主　王　往

✔ 어떤 대상이나 물건을 소유한 사람을 이르는 말은?

✔ 끼니때마다 기본적으로 주로 먹는 음식을 뜻하는 말은?

✔ 영화 등에서 주인공 역을 맡아 연기하는 일 또는 그 역할을 맡은 사람을 이르는 말은?

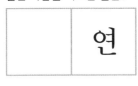

✔ 자신의 의견이나 생각을 굳게 내세우는 것을 뜻하는 말은?

한자 연결하기 4 각 뜻풀이를 읽고 알맞은 단어를 찾아 바르게 연결해 보세요.

중심이 되는 힘 • • 主제

임금을 높여 이르는 말 • • 主력

대화에서 **중심이** 되는 문제, 예술 작품에서 나타내고자 하는 **중심** 내용 • • 主상

자신만의 **주체적인** 의견이나 관점 • • 견主

주체가 되어 어떤 일을 이끌거나 이끄는 것 • • 主도적

반려견의 **주인** • • 主관

국어 속 한자 찾기 5 다음 글을 읽고 '임금/주인 주'가 들어간 우리말에 동그라미를 치세요.

이번 연극 발표회에서 민우네 반은 반려견을 주제로 한 창작극을 준비하기로 했다. 주연인 강아지 '장금' 역은 성우가, 장금이의 견주 역은 봄이가 맡았다. 이번 연극은 반장인 민우가 주도적으로 이끌었지만 학우들 모두 주인 의식을 갖고 적극적으로 참여했다. 준비 과정을 줄곧 지켜본 담임 선생님도 제자들이 화합하는 모습에 내심 흐뭇했다.

QUIZ 다음 중 '임금/주인 주'가 쓰이지 않은 단어를 찾아 동그라미를 치세요.

견주   주목   주력   주식   주상   주관

1 〈보기〉에서 각 빈칸에 알맞은 한자와 뜻을 찾아 써 보세요.

보기

直 | 住 | 春 | 面 | 秋 | 後 | 登 | 紙 | 邑 | 夏

겨울 동 | 바를 정 | 쉴 휴 | 앞 전 | 설 립 | 낮 오 | 안 내 | 저녁 석 | 빛 색 | 임금/주인 주

			冬	夕	午	前			內
봄 춘	여름 하	가을 추					뒤 후	낮 면

正			立	休		色			主
	고을 읍	곧을 직			종이 지		오를 등	살 주	

2 각 한자의 틀린 부분을 찾아 바르게 고쳐 써 보세요.

春	夏	秋	夂	久	牛	前	後	面	丙
봄 춘	여름 하	가을 추	겨울 동	저녁 석	낮 오	앞 전	뒤 후	낮 면	안 내

止	邑	直	竝	体	紙	色	登	主	住
바를 정	고을 읍	곧을 직	설 립	쉴 휴	종이 지	빛 색	오를 등	살 주	임금/주인 주

3 각 빈칸에 알맞은 한자와 뜻을 써 보세요.

春	夏	秋				後	面	
			겨울 **동**	저녁 **석**	낮 **오**	앞 **전**		안 **내**

	邑	直			紙	登	住	
바를 **정**			설 **립**	쉴 **휴**		빛 **색**		임금/주인 **주**

4~5 다음 글을 읽고 문제에 답하세요.

이십사절기는 사계절을 각각 6개씩 나누어 1년이라는 시간을 24개의 마디로 나눈 것이다. 절기를 알면 그때그때 어떤 농사일을 해야 하는지 알 수 있었다. 봄의 처음은 ❶ **입춘**이고, 한가운데에 춘분이 있다. 청명이 되면 논밭을 갈기 시작한다. 여름의 시작은 ❷ **입하**고, 하지는 ㉠ **낮**의 길이가 가장 긴 날이다. 여름의 마지막 절기인 대서는 1년 중 가장 더운 때다. 대서 다음은 가을이 시작되는 때인 ❸ **입추**다. 추분에는 곡식을 수확하느라 바쁘다. 춘분과 추분은 낮과 밤의 길이가 같다. 겨울의 시작인 ❹ **입동**에는 김장을 한다. 입동 ㉡ **앞**과 ㉢ **뒤** 5일 안에 하는 김장 맛이 제일 좋다고 한다. 팥죽 먹는 풍습이 있는 동지는 밤의 길이가 가장 긴 날이다.

4 다음 중 ❶ ~ ❹의 우리말 소리에 해당하는 한자를 써보세요.

❶ _____　　❷ _____　　❸ _____　　❹ _____

5 다음 중 ㉠ - ㉡ - ㉢의 의미를 나타내는 한자를 골라 보세요.

① 午 - 前 - 內　　② 夕 - 後 - 前　　③ 午 - 前 - 夕　　④ 午 - 前 - 後

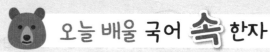
🐻 오늘 배울 국어 **속** 한자

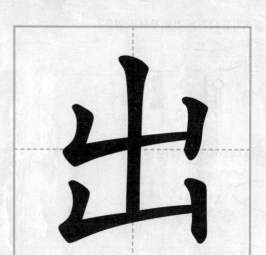

날 출

부수 니 | 총 5획

出은 '나가다', '태어나다', '내놓다'를 뜻합니다.

'家(집 가)'가 쓰인 '出家'와 '家出'은 한자를 뒤바꿔 쓴 말입니다. 쓰인 한자는 같지만 순서가 바뀌었으니 뜻도 달라지지요. 두 단어 모두 '집을 떠나는 행위'를 가리키는 것은 같지만 '出家'는 '종교적 수행을 위해 집을 떠나는 것'을 뜻하고, '가出'은 '가족과 함께 사는 가정을 버리고 떠나는 것'을 뜻한다는 점이 다릅니다.

한자 따라 쓰기 1 순서에 맞게 다음 한자를 써 보세요.

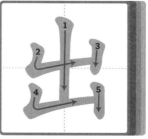

出 出 出 出 出

出	出					

한자 구별하기 2 다음 중 '날 출'을 찾아 동그라미를 치세요.

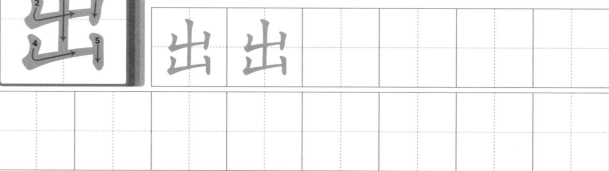

✔ 집이나 회사 등에서 벗어나 일을 보러 잠시 밖으로 나가는 것을 뜻하는 말은?

외	

✔ 어떤 곳에 들어가고 나가는 것을 뜻하는 말은?

	입

✔ 국내 물품이나 상품을 다른 나라에 팔아 내보내는 것을 뜻하는 말은?

수	

✔ 어떤 상황이나 구속에서 빠져나오는 것을 뜻하는 말은?

탈	

한자 연결하기 4 각 뜻풀이를 읽고 알맞은 단어를 찾아 바르게 연결해 보세요.

시험을 보도록 문제를 **냄** • • **出**석

수업이나 모임에 **나가** 참석함 • • 제**出**

과제나 의견 등을 **냄** • • **出**제

전시회나 대회에 작품이나 물품을 **내놓음** • • **出**생

일하러 직장에 **나감** • • **出**근

사람이 세상에 **태어남** • • **出**품

국어 속 한자 찾기 5 다음 글을 읽고 '날 출'이 들어간 우리말에 동그라미를 치세요.

화가 이중섭은 일찍이 일본으로 건너가 도쿄에 위치한 문화학원 미술과에 출석하며 미술 공부를 마쳤다. 이중섭의 그림은 여러 미술전에 출품돼 크게 주목받았다. 귀국 후에는 일본인 여성과 원산에서 결혼해 원산사범학교에 출근하며 미술교사로 일했다. 한국전쟁이 발발하자 원산을 탈출해 제주도에 정착한 뒤로는 힘겹게 창작 활동을 이어갔다. 제주도 서귀포에는 그의 이름을 딴 거리와 미술관이 조성돼 있다.

QUIZ 다음 중 '날 출'이 쓰이지 않은 단어를 찾아 동그라미를 치세요.

출제	단출	출입	제출	외출	출생

들 **입**

부수 入 | 총 2획

오늘 배울 국어 속 한자

入은 '들어가다', '들이다', '넣다', '빠져들다'를 뜻합니다.

'편入'은 '기존 단체나 조직에 끼어 들어감'을 의미합니다. 학교에 1학년으로 들어가면 '入학'이라고 하고 3학년으로 중간에 끼어 들어가면 '편入학'이라고 하지요.

'힘 력(力)'이 쓰인 '入력하다'는 '힘을 넣다'라는 뜻일까요? '入력'은 원래 '기계를 가동시키기 위해 동력이나 신호를 보냄'을 뜻했지만 컴퓨터가 일반화된 오늘날에는 주로 '컴퓨터가 정보를 처리할 수 있도록 명령을 보내거나 신호를 넣음'이라는 의미로 쓰이지요.

한자 따라 쓰기 **1** 순서에 맞게 다음 한자를 써 보세요.

入	入				
入	入				

한자 구별하기 **2** 다음 중 '들 입'을 찾아 동그라미를 치세요.

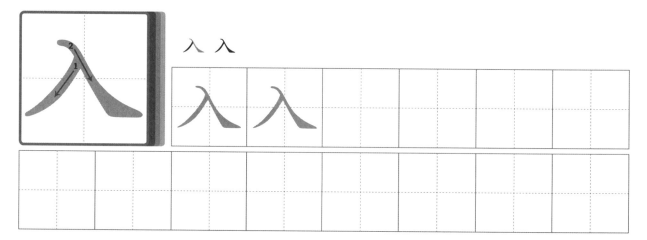

八　人　入　又　个　丈

✔ 안으로 들어갈 수 있는 통로를 뜻하는 말은?

 구

✔ 어떤 나라 안으로 들어감을 뜻하는 말은?

국

✔ 행사장, 공연장이나 경기장 등의 안으로 들어감을 뜻하는 말은?

장

✔ 상을 탈 수 있는 등수 안에 들어감을 뜻하는 말은?

상

한자 연결하기 **4** 각 뜻풀이를 읽고 알맞은 단어를 찾아 바르게 연결해 보세요.

침범하여 **들어감**　　•　　•　몰入

공부를 원하는 사람이 교육을 받기 위해 학교에 **들어가는** 것　　•　　•　침入

깊이 파고들거나 **빠져듦**　　•　　•　入학

경제적인 활동을 통해서 돈이나 물품을 벌어**들임**　　•　　•　수入

어떤 것을 배우는 길에 처음 **들어섬**　　•　　•　주入

흘러 들어가도록 부어 **넣음**, 일방적으로 지식을 불어**넣는** 교습법　　•　　•　入문

국어 속 한자 찾기 **5** 다음 글을 읽고 '들 입'이 들어간 우리말에 동그라미를 치세요.

안토닌 드보르자크는 미국 뉴욕 국립음악원장으로 취임한 후 교향곡 〈신세계로부터〉를 작곡했다. 이 곡을 처음 선보이기 위해 뉴욕 카네기홀에 입장한 그는 잠시 추억에 잠겼다. 프라하의 오르간 학교에 입학한 일과 체코 국립극장 단원이었지만 수입이 적어 궁핍하게 지내야 했던 시절, 〈슬라브 무곡집〉 악보를 출판하여 엄청난 성공을 거둔 기억까지. 미국에 입국한 지 이제 1년이 조금 넘었건만 그는 고국 체코로 돌아가고 싶은 마음이 간절했다.

 QUIZ　다음 중 '들 입'이 쓰이지 않은 단어를 찾아 동그라미를 치세요.

| 입장 | 침입 | 주입 | 몰입 | 입구 | 입춘 |

 오늘 배울 국어 **속** 한자

活은 '살다', '생기 있다', '활발하다', '활동하다', '활용(이용)하다'를 뜻합니다.

'活발'은 '생기 있고 힘차고 시원스럽다'를 의미합니다. 여기서 '活'은 물이 콸콸 흐르는 형상을, '발(潑)'은 꽉 막혀 있던 물이 시원하게 터져 나오는 모습을 묘사하는 말이지요. '활발한 기운'을 뜻하는 '活기'도 '생기 넘치고 힘차며 시원스러운 기운'을 뜻합니다.

'사活'은 '죽기와 살기'라는 뜻입니다. 관용 표현인 '사活을 걸다'는 '죽음과 삶을 결정할 만큼 중요한 문제'를 비유적으로 나타낸 말이지요.

살 활

부수 氵(水) ㅣ 총 9획

한자 따라 쓰기 **1** 순서에 맞게 다음 한자를 써 보세요.

活 活 活 活 活 活 活 活 活

活	活				

한자 구별하기 **2** 다음 중 '살 활'을 찾아 동그라미를 치세요.

治　冶　洁　活　活　沾

✔ 생명이 있는 동안 살아서 경험하고 활동함 또는 살림을 꾸려 생계를 이어 나감을 뜻하는 말은?

생	

✔ 다시 활동하는 것 또는 장애를 극복하고 다시 살아감을 뜻하는 말은?

재	

✔ 죽었다가 다시 살아남 혹은 쇠퇴하거나 없어진 것이 다시 왕성하게 됨을 뜻하는 말은?

부	

✔ 낡거나 못 쓰게 되어 버린 물품을 다른 데에 다시 사용하거나 사용할 수 있게 활용함을 뜻하는 말은?

재		용

한자 연결하기 4 각 뜻풀이를 읽고 알맞은 단어를 찾아 바르게 연결해 보세요.

살아 움직이는 힘 · · 活약

이리저리 잘 **이용함** · · 活력

눈길을 끌 만큼 **활발히** 움직임,
뛰어나게 **활동함** · · 活용

몸을 움직여 행동함,
성과를 거두기 위하여
어떤 일을 **활발히** 함 · · 活로

교과 학습 이외의 특별한 **활동** · · 특活

어려움을 이기고
살아나갈 수 있는 길 · · 活동

국어 속 한자 찾기 5 다음 글을 읽고 '살 활'이 들어간 우리말에 동그라미를 치세요.

비가 내려 고인 빗물이 시내와 강으로 흘러들어 바닷물과 합쳐지면 바닷물은 태양열을 받아 증발하면서 구름을 형성해 다시 비로 변한다. 바닷물의 양이 변하지 않는 이유도 이처럼 물이 끊임없는 순환 활동을 하기 때문이다. 마찬가지로 생활 쓰레기를 다양하게 재활용하거나 재사용하는 방식으로 폐자원을 순환시키면 늘어나는 쓰레기 문제를 해결해줄 활로가 열릴 수도 있다. 지구에 새로운 활력을 불어넣는 열쇠가 바로 '순환'에 있다.

QUIZ

다음 중 '살 활'이 쓰이지 않은 단어를 찾아 동그라미를 치세요.

재활   특활   활약   교활   부활   활동

오늘 배울 국어 **속** 한자

힘 **력(역)**

부수 力 | 총 2획

力은 '힘'을 뜻하는 한자입니다.

力의 훈(뜻)인 '힘'은 '압力' 같은 물리적인 힘뿐 아니라 '창의力' 같은 정신적인 능력이나 '매力' 같은 정서적인 기운까지 모두 아우릅니다.

'학力'은 '배움의 힘'을 뜻합니다. '학력 평가'의 '학력'은 교육 기관에서 배우며 얻은 지적 능력을 의미하지요. '아는 것이 힘이다'라는 명언에서 강조하는 '학력'은 배움을 통해 발휘되는 정신적인 힘을 뜻합니다.

한자 따라 쓰기 **1** 순서에 맞게 다음 한자를 써 보세요.

力 力

力	力				

한자 구별하기 **2** 다음 중 '힘 력'을 찾아 동그라미를 치세요.

丂　刀　七　九　力　为

✔ 새로운 생각이나 뛰어난 생각을 해내는 힘을 뜻하는 말은?

창	의	

✔ 무슨 일이나 말을 한 것에 대하여 돌아오는 좋은 결과를 뜻하는 말은?

효	

✔ 공기 중이나 물에 뜨는 힘을 뜻하는 말은?

부	

✔ 거칠고 난폭하게 상대를 제압할 때 쓰는 힘을 뜻하는 말은?

폭	

한자 연결하기 4 각 뜻풀이를 읽고 알맞은 단어를 찾아 바르게 연결해 보세요.

실제로 갖춘 **힘**이나
실제로 해낼 수 있는 능력 • • 무능**力**

어떤 일을 감당하거나 해낼 만한
힘(능력)이 없음 • • 실**力**

어떤 것의 작용이
다른 것에 미치는 **힘** • • 영향**力**

힘의 양, 어떤 일을 해 낼 수
있는 **힘**이나 재주 • • 무**力**

기계나 상황을 움직이게 하는 **힘** • • 동**力**

힘이 없음,
의욕이나 활동력이 없음 • • **力**량

국어 ➡ 한자 찾기 5 다음 글을 읽고 '힘 력'이 들어간 우리말에 동그라미를 치세요.

영국에서는 얼마 전 신체적 폭력뿐만 아니라 경제적·정신적 폭력까지 '가정 폭력'으로 인정하는 법안이 통과돼 즉각적인 효력을 기대하는 시민들의 관심이 쏠리고 있다. 가정 폭력 피해자는 가해자의 정신적 영향력에서 쉽게 벗어나지 못해 무력감을 느끼거나 가해자의 언어폭력에 노출돼 자신을 스스로 무능력하다고 여기는 경우가 많다. 장기간의 심리 치료를 지원하는 것도 이들이 정신적 상처를 치유하고 자존감을 회복할 수 있도록 돕기 위해서다.

QUIZ 다음 중 '힘 력'이 쓰이지 않은 단어를 찾아 동그라미를 치세요.

동력   역량   달력   부력   실력   창의력

99

 오늘 배울 국어 속 한자

무거울 중

부수 里 | 총 9획

重은 주로 '무겁다', '무게'를 뜻하지만 '중요하다', '조심하다', '겹치다'라는 의미도 지닙니다.

'몸무게'를 뜻하는 '체重'에서는 '무겁다'를, '중요하게 여김'을 뜻하는 '重시'에서는 '중요하다'를, '매우 조심스러움'을 뜻하는 '신重'에서는 '조심하다'를, '여러 겹'을 뜻하는 '다重'에서는 '겹치다'를 의미합니다.

홀수 9가 겹쳐 있는 날인 음력 9월 9일은 '重양절'이라고 합니다. 날짜와 달의 숫자가 같지요? 여기서 重은 '겹치다'라는 의미로 쓰였답니다.

한자 따라 쓰기 **1** 순서에 맞게 다음 한자를 써 보세요.

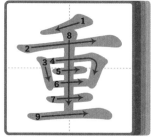

重 重 重 重 重 重 重 重 重

重	重						

한자 구별하기 **2** 다음 중 '무거울 중'을 찾아 동그라미를 치세요.

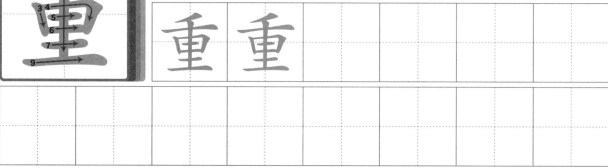

重　董　皇　偅　軍　車

✔ 소중하고 꼭 필요함을 뜻하는 말은?

	요

✔ 지구 표면에 있는 물체를 지구의 중심 방향으로 끌어당기는 힘을 이르는 말은?

	력

✔ 몸의 무게, 즉 몸무게를 이르는 다른 말은?

체	

✔ 심하게 많이 다친 것을 이르는 말은?

	상

한자 연결하기 4 각 뜻풀이를 읽고 알맞은 단어를 찾아 바르게 연결해 보세요.

가장 **중요하게** 다루거나 여길 점 •　　　• 신**重**

행동이나 생각이
매우 **조심스러움**　　　•　　　• **重**점

되풀이되거나 **겹침** •　　　• **重**복

상대를 높이어 귀하고
중요하게 대함　　　•　　　• **重**량

물건의 **무거운** 정도, **무게** •　　　• 비**重**

다른 사물과 비교할 때
차지하는 **중요도**　　　•　　　• 존**重**

국어 속 한자 찾기 5 다음 글을 읽고 '무거울 중'이 들어간 우리말에 동그라미를 치세요.

중력이란 질량이 있는 물체를 지구가 지표면 아래 방향, 즉 지구 중심으로 끌어당기는 힘을 말한다. 물건이 바닥으로 떨어지는 것도, 우리가 땅에 발을 붙이고 서 있는 것도 모두 중력 때문이다. 중력이 사라지면 어떻게 될까? 무중력 상태가 되면 우리는 체중을 느끼지 못하고 공중을 떠다닐 것이다. 이처럼 중력은 일상적으로 작용하고 있지만 그 힘을 실감하지 못하기 때문에 중요성을 잘 느끼지 못한다.

QUIZ 다음 중 '무거울 중'이 쓰이지 않은 단어를 찾아 동그라미를 치세요.

중복	중심	신중	체중	중상	중점

오늘 배울 국어 속 한자

온전 전

부수 入 l 총 6획

全은 '본바탕을 그대로 유지하다'라는 의미의 '온전하다'를 뜻합니다. 이외에 '모든', '전부', '전체'를 뜻하기도 하지요.

'건全하다'는 '병이나 탈 없이 건강하고 온전하다'를 뜻합니다. '전력 질주', '전력을 기울이다'의 '全력'은 '갖고 있는 모든 힘'을 말하고, '全국'은 '온(전부의, 모두의) 나라', '全교'는 '한 학교의 전체', '全권'은 '맡겨진 일을 책임지고 처리할 수 있는 모든 권한'을 의미하지요.

한자 따라 쓰기 **1** 순서에 맞게 다음 한자를 써 보세요.

全 全 全 全 全 全

全	全				

한자 구별하기 **2** 다음 중 '온전 전'을 찾아 동그라미를 치세요.

金　全　会　圣　龙　主

✔ 몸 전체, 온몸을 뜻하는 말은?

 신

✔ 가지고 있는 모든 힘을 뜻하는 말은?

력

✔ 액수의 전부를 뜻하는 말은?

 액

✔ 한 사람, 같은 시대, 같은 종류의 작품을 모아 출판한 책을 뜻하는 말은?

집

한자 연결하기 4 각 뜻풀이를 읽고 알맞은 단어를 찾아 바르게 연결해 보세요.

있는 것들을 모두 하나로 합친 **전부**, 집단을 이루는 구성원 **모두** •	• 안**全**	**전체**의 수량이나 분량 •	• **全**담
온전하게 보호하고 유지함 •	• **全**체	망하거나 죽어 모두 **완전히** 없어짐 •	• **全**량
탈이 날 염려나 위험성이 없이 편안하고 **온전한** 상태 •	• 보**全**	전문적으로 맡거나 혼자 **온전히** 담당함 •	• **全**멸

국어 속 한자 찾기 5 다음 글을 읽고 '온전 전'이 들어간 우리말에 동그라미를 치세요.

신라는 9세기 후반 진성 여왕 때 정치적·사회적 혼란이 정점에 달해 전국 각지에서 농민 봉기가 일어났다. 귀족층은 왕위 다툼에만 전력을 기울였고, 국가 재정이 파탄 나면서 나라 전체가 통제 불능 상태에 빠졌다. 거의 전량에 가까운 생산물을 세금으로 바쳐야 할 만큼 수탈이 극심해지자 농민들이 조세 납부를 거부하며 방방곡곡에서 반란을 일으켰다. 농민 봉기를 계기로 신라는 서서히 몰락하기 시작했다.

 QUIZ 다음 중 '온전 전'이 쓰이지 않은 단어를 찾아 동그라미를 치세요.

전쟁 전신 전멸 안전 전집 전액

오늘 배울 국어 속 한자

花는 '꽃'을 뜻하며 '(꽃이) 피다'라는 뜻의 동사처럼 쓰이기도 합니다.

삼국시대 백제의 도읍지였던 충청남도 부여에는 '낙花암'이라는 바위가 있습니다. 멸망을 앞둔 백제가 도성을 함락당하자 의자왕의 후궁들이 남에 손에 죽길 거부하고 이 바위에서 몸을 던졌다는 전설에 등장하는 바위이지요. '낙花암'의 花는 후궁들을 비유한 표현으로, '낙花암'은 '꽃이 떨어진 바위'를 의미한답니다.

꽃 화

부수 ⺾(艸) | 총 8획

한자 따라 쓰기 1 순서에 맞게 다음 한자를 써 보세요.

花花花花花花花花

花	花				

한자 구별하기 2 다음 중 '꽃 화'를 찾아 동그라미를 치세요.

范　芘　花　苉　芯　茄

각 질문을 읽고 알맞은 한자를 써넣어 단어를 완성해 보세요.

✔ 꽃을 심어 가꾸는 그릇을 이르는 말은?

	분

✔ 꽃이 피는 풀과 나무 또는 분에 심어 두고 보면서 즐기는 모든 식물을 이르는 말은?

	초

✔ 결혼을 축하하거나 죽음을 슬퍼하는 뜻으로 꽃을 엮어 둥글게 만든 물건을 이르는 말은?

	환

✔ 한국의 무궁화, 영국의 장미, 프랑스의 백합처럼 한 나라를 상징하는 꽃을 이르는 말은?

	국

각 뜻풀이를 읽고 알맞은 단어를 찾아 바르게 연결해 보세요.

꽃을 심어 보기 좋게
가꾸어 놓은 곳 •　• 花단

풀이나 나무의 꽃이 핌,
문화나 예술 등이 한창 번영함 •　• 花원

꽃을 심기 위해 흙을 평지보다
높게 하여 꾸며놓은 꽃밭 •　• 개花

살아 있는 나무나 화초에서
꺾은 진짜 꽃 •　• 조花

종이, 비닐 등을 재료로 하여
사람의 힘으로 만든 꽃 •　• 헌花

주로 신이나 죽은 사람의 영혼을
모셔 놓은 곳에 꽃을 바침 •　• 생花

다음 글을 읽고 '꽃 화'가 들어간 우리말에 동그라미를 치세요.

결혼식장이나 장례식장에 줄지어 늘어선 화환을 보면 생화인지 조화인지 분간하기가 어렵다. 조화 만드는 기술이 그만큼 정교해졌기 때문이다. 조화의 기원은 기원전 3,500년경 에게문명까지 거슬러 올라갈 정도로 역사가 오래됐다. 물을 주거나 신경 쓰지 않아도 그 모습을 유지한다는 장점이 있어 요즘에는 화단이나 화분에 생화 대신 조화가 심겨 있는 풍경도 심심찮게 마주친다.

QUIZ 다음 중 '꽃 화'가 쓰이지 않은 단어를 찾아 동그라미를 치세요.

헌화　　화초　　개화　　화원　　화가　　국화

오늘 배울 국어 **속** 한자

풀 초

부수 ⁺⁺(艸) ᛁ 총 10획

草는 주로 '풀', '잡초'를 뜻합니다.

명예를 버리고 조용히 지낸다는 의미로 자주 쓰는 표현인 '초야에 묻혀 사는 선비'에서 '草야'는 풀이 우거진 들판을 가리키는 말로 '외진 시골'을 뜻합니다.

'草안'은 '기초로 삼기 위해 대강 적은 첫 번째 안'을, '草고'는 '초벌로 쓴 원고'를 말합니다. 여기서 草는 '여러 차례를 되풀이하는 일의 첫 번째 차례로 대강하여 냄'을 뜻하지요.

한자 따라 쓰기 **1** 순서에 맞게 다음 한자를 써 보세요.

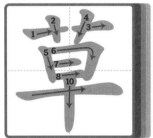

草 草 草 草 草 草 草 草 草 草

草	草					

한자 구별하기 **2** 다음 중 '풀 초'를 찾아 동그라미를 치세요.

查　苴　苣　茸　草　葷

각 질문을 읽고 알맞은 한자를 써넣어 단어를 완성해 보세요.

✔ 심거나 가꾸지 않아도 저절로 나서 자라는 여러 종류의
풀을 통틀어 이르는 말은?

잡	

✔ 약으로 쓰는 풀을 이르는 말은?

약	

✔ 볏짚이나 갈대 따위로 지붕을 인 집을 이르는 말은?

	가

✔ 바다 속에서 나는 풀(식물)을 통틀어 이르는 말은?

해	

한자 연결하기 4 각 뜻풀이를 읽고 알맞은 단어를 찾아 바르게 연결해 보세요.

풀과 같은 푸른색 ・ ・ 草원

맨 처음 대강하여 낸 글 ・ ・ 草고

풀이 난 들판 ・ ・ 草록

잡초를 뽑아내거나 잘라냄 ・ ・ 제草

백성을 질긴 생명력을 지진
잡초에 비유한 말 ・ ・ 草식동물

주로 풀과 채소를
먹고 사는 동물 ・ ・ 민草

국어 속 한자 찾기 5 다음 글을 읽고 '풀 초'가 들어간 우리말에 동그라미를 치세요.

여름날의 초원을 온통 초록으로 물들이는 이름 없는 풀들. 풀은 바람이 불면 낮게 누워 버리고 어쩌
다 밟히기라도 하면 힘없이 꺾이고 만다. 이처럼 하찮고 연약한 풀을 흔히 잡초라고 낮잡아 부른다.
하지만 잡초는 그 어떤 풀보다 생명력이 강하다. 강인한 생명력으로 매년 무성하게 자라나는 잡초가
백성의 기질과 비슷하다 하여 흔히 민초라는 표현을 쓴다. 하지만 이 말이 일본식 한자어라는 사실
을 아는 사람은 그리 많지 않다.

QUIZ 다음 중 '풀 초'가 쓰이지 않은 단어를 찾아 동그라미를 치세요.

해草	草고	草록	草식동물	약草	草보

오늘 배울 국어 속 한자

育은 '기르다', '자라다'를 뜻합니다.

'생育, 발育', '보育, 양育'의 育은 '기르다'를 뜻합니다. '생育, 발育'은 생물(체)이 대상일 때 쓰는 말이라면 '보育, 양育'은 어린아이가 대상일 때 쓰인다는 차이점이 있지요.

'훈育', '교育' 둘 다 '가르쳐 기르다'라는 뜻을 지니지만 무엇을 가르치느냐에 따라 두 단어를 가려 써야 합니다. '훈育'은 주로 품성이나 도덕을, '교育'은 지식이나 기술을 가르쳐 기르는 일을 말하지요.

기를 육

부수 月(肉) | 총 8획

한자 따라 쓰기 1 순서에 맞게 다음 한자를 써 보세요.

育 育 育 育 育 育 育 育

育	育				

한자 구별하기 2 다음 중 '기를 육'을 찾아 동그라미를 치세요.

音　肯　斉　育　盲　肓

✔ 어린아이를 키우는 것을 뜻하는 말은?

 아

✔ 지식과 기술을 가르치거나 인격을 길러 주는 것을 이르는 말은?

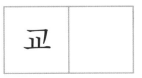 교

✔ 운동을 통해 신체를 튼튼하게 단련시키는 일 또는 그런 목적으로 가르치는 교과목을 이르는 말은?

체

✔ 평소 운동할 때나 체육 시간에 입는 간편한 옷을 이르는 말은?

체 복

한자 연결하기 4 각 뜻풀이를 읽고 알맞은 단어를 찾아 바르게 연결해 보세요.

신체나 정신이 발달하여
점차 **자라남** • • 보**育**

어린아이를 보호하고 **기름** • • 사**育**

짐승이 잘 자라도록 먹이고 **기름** • • 발**育**

낳아서 **기름**, 생물이 나서 **자람** • • 훈**育**

품성이나 도덕을 가르쳐 **기름** • • 생**育**

어린아이가 잘 자라도록
보살펴 **기름** • • 양**育**

국어 속 한자 찾기 5 다음 글을 읽고 '기를 육'이 들어간 우리말에 동그라미를 치세요.

최근 어린이집 등 영유아 보육·육아 서비스를 제공하는 기관에서 체육 프로그램이 눈에 띄게 늘고 있다. 신체를 단련하는 활동인 체육은 지식이나 도덕을 함양하는 교육에 비해 소홀히 하는 경향이 있다. 하지만 뇌과학 연구를 통해 아동의 학습 능력이 신체 발육과 밀접한 관련이 있다는 사실이 밝혀지면서 교육 과정에서 체육의 중요성도 새삼 주목받고 있다.

 QUIZ 다음 중 '기를 육'이 쓰이지 않은 단어를 찾아 동그라미를 치세요.

발**육**   생**육**   체**육**복   **육**체   훈**육**   사**육**

🐻 오늘 배울 국어 **속** 한자

아닐 **불(부)**

부수 一 | 총 4획

不은 '아니다'를 뜻하므로 不이 들어간 단어는 주로 '부정'을 의미합니다.

'不평, 不만, 不신'의 不은 '**불**'로 읽지만, '不정, 不족, 不당'의 不는 '**부**'로 읽습니다. 왜 그럴까요? 不 뒤에 오는 자음이 'ㄷ, ㅈ'일 때는 '부'로 읽기 때문이지요. 예외도 있습니다. '不실'은 뒤에 오는 자음이 'ㄷ, ㅈ'이 아닌지만 '부'로 읽는답니다.

한자 따라 쓰기 **1** 순서에 맞게 다음 한자를 써 보세요.

不 不 不 不

不	不			

한자 구별하기 **2** 다음 중 '아닐 불'을 찾아 동그라미를 치세요.

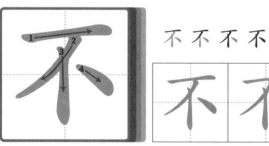

下　不　丕　示　木　大

✔ 안심이 되지 않아 마음이 조마조마함을 이르는 말은?

	안

✔ 법에 어긋남 또는 위반 행위를 뜻하는 말은?

	법

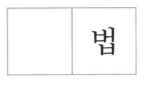

✔ 행실이나 성품이 나쁘거나 물건의 품질이나 상태가 좋지 않음을 뜻하는 말은?

	량

✔ 마음에 차지 않아 언짢거나 불쾌함 또는 그런 마음을 이르는 말은?

	만

믿지 **않거나** 믿지 **못함**   •   • 不매

편리하지 **않음**   •   • 不신

어떤 특정한 상품을 사지 **않음** •   • 不편

기준에 미치지 못해
넉넉하지 **않음**   •   • 不족

도리에 어긋나서 정당하지 **않음** •   • 不의

의리가 **없거나** 정의롭지 **않음** •   • 不당

'태어나면서부터 죽을 때까지 평생'을 뜻하는 '요람에서 무덤까지'라는 표현은 영국의 정당이 2차 세계대전 이후 만연한 불안, 불편, 불만 요소를 해결하기 위해 사회보장제도 확대를 주장하며 쓴 구호다. 국민이 불신하면 국가의 존립도 위태로워진다. 부족한 재정을 확충하고, 부당하고 불법적인 관행을 없애 국민의 삶의 질을 높인다면 언제고 신뢰받는 정부가 될 수 있다.

QUIZ 다음 중 '아닐 불'이 쓰이지 않은 단어를 찾아 동그라미를 치세요.

부당	불매	부족	불의	불고	불량

오늘 배울 **국어 속 한자**

마실 **음**

부수 食 | 총 13획

飮은 '마시다', '음료', '마실 것'을 뜻합니다.

음료가 지금처럼 다양하지 않았던 옛날에는 飮이 주로 '술을 마시다'라는 뜻으로 쓰였습니다. 그래서 '술을 지나치게 많이 마시다'라는 의미의 '과飮', '술을 한꺼번에 많이 마시다'라는 의미의 '폭飮', '술 마시기를 좋아하다'라는 의미의 '애飮'은 굳이 '술'을 나타내는 한자를 쓰지 않는 것이지요.

한자 따라 쓰기 **1** 순서에 맞게 다음 한자를 써 보세요.

飮 飮 飮 飮 飮 飮 飮 飮 飮 飮 飮 飮 飮

飮	飮					

한자 구별하기 **2** 다음 중 '마실 음'을 찾아 동그라미를 치세요.

殷 飯 飫 飼 飮 飾

✔ 사람이 먹고 마실 수 있도록 만든 것을 통틀어 이르는 말은?

	식	

✔ 음식을 만들어서 파는 가게를 뜻하는 말은?

	식	점	

✔ 사람이 마실 수 있도록 만든 모든 액체를 이르는 말은?

	료	

✔ 술을 마시는 것을 뜻하는 말은?

	주	

마시는 데 쓰임 또는 그 마실 것 •   • 飮용

술이나 음료의 맛을 알기 위해
조금 마셔 보는 일 •   • 미飮

환자나 어린아이에게 먹이는
마실 수 있을 정도로 묽은 쌀죽 •   • 시飮

독약을 마심 •   • 飮독

마실 수 있는 음료수,
먹고 마실 거리 •   • 飮수대

물을 마실 수 있도록
장치를 한 곳 •   • 식飮료

음식 중 사람이 마실 수 있는 액체를 음료라고 한다. 그중에서도 인간 생존에 필수인 음료는 물이다.
그런데 요즘은 물 대신 탄산음료를 더 자주 음용하는 사람들이 늘고 있다. 탄산음료의 단맛에 중독
되면 비만, 당뇨병 등을 유발해 음주만큼 몸에 해롭다.

QUIZ 다음 중 '마실 음'이 쓰이지 않은 단어를 찾아 동그라미를 치세요.

음수대   식음료   미음   발음   음독   시음

 오늘 배울 국어 속 한자

푸를 록(녹)

부수 糸 | 총 14획

綠은 '푸르다', '초록빛(녹색)', '풀'을 뜻합니다.

'하얀색 분말'을 가리키는 '綠말'에는 왜 녹색을 뜻하는 綠이 쓰였을까요? '綠말'은 녹색식물이 광합성을 통해 만들어 낸 영양분인 탄수화물을 가리키는 말입니다. '광합성'이란 녹색을 띠는 엽록소가 햇빛을 받아 영양분을 합성하는 과정을 말하며, 이렇게 만들어진 녹말은 열매, 뿌리, 줄기 등에 저장되는 것이지요.

한자 따라 쓰기 *1* 순서에 맞게 다음 한자를 써 보세요.

綠 綠 綠 綠 綠 綠 綠 綠 綠 綠 綠 綠 綠 綠

綠 綠

한자 구별하기 *2* 다음 중 '푸를 록'을 찾아 동그라미를 치세요.

絲　縹　緣　綠　統　彖

✔ 파랑과 노랑의 중간색을 이르는 말은?

 색

✔ 발효시키지 않고 푸른 잎 그대로 볶아 말린 찻잎 또는 그것을 끓인 차를 이르는 말은?

 차

✔ 녹색 채소의 잎이나 열매, 뿌리를 갈아서 만든 즙을 이르는 말은?

 즙

✔ 엽록소를 가지고 있어 녹색을 띤 조류로 파래, 청각 등을 이르는 말은?

 조

한자 연결하기 4 각 뜻풀이를 읽고 알맞은 단어를 찾아 바르게 연결해 보세요.

푸른 잎이 우거진 나무나 숲　•　•　청**綠**색

광합성을 하여 식물이 살아가는 데 중요한 에너지를 만드는 **녹색** 색소　•　•　엽**綠**소

푸른빛이 도는 **녹색**　•　•　**綠**음

풀이나 나무가 우거진 곳　•　•　상**綠**수

풀빛처럼 푸른색을 약간 띤 **녹색**　•　•　**綠**지

일 년 내내 잎이 **푸른** 나무　•　•　초**綠**

국어 속 한자 찾기 5 다음 글을 읽고 '푸를 록'이 들어간 우리말에 동그라미를 치세요.

여름은 초록의 계절이다. 녹음이 우거진 산림은 건강에 좋은 피톤치드를 내뿜는다. 피톤치드 농도는 엽록소 양이 많아지는 여름철에 가장 높다. 여름에는 건물이 밀집한 도심 지역에서 한낮 기온을 낮추기 위해 녹지를 조성하기도 한다.

QUIZ 다음 중 '푸를 록'이 쓰이지 않은 단어를 찾아 동그라미를 치세요.

녹색　　상록수　　녹화　　녹차　　엽록소　　녹조

 오늘 배울 국어 속 한자

米는 벼의 낟알 모양을 본떠 만든 한자로, '쌀'을 뜻합니다.

'米수'는 '88세'를 가리키는 말입니다. 나이와 '쌀'은 아무런 관련이 없어 보이는데 왜 '米수'라고 부를까요? 米의 모양에 답이 있습니다. 米의 획은 '八(팔), 十(십), 八(팔)'로 나눌 수 있습니다. 한자의 자획을 쪼개거나 합쳐서 짜맞추는 놀이에서 유래한 말로, 글자의 뜻과는 아무 상관이 없답니다.

쌀 미

부수 米 | 총 6획

한자 따라 쓰기 **1** 순서에 맞게 다음 한자를 써 보세요.

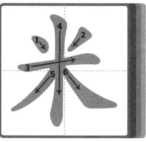

米 米 米 米 米 米

米	米				

한자 구별하기 **2** 다음 중 '쌀 미'를 찾아 동그라미를 치세요.

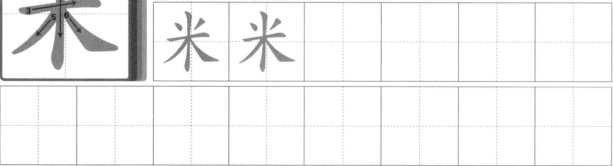

羊　米　朮　釆　未　半

한자 완성하기 3 각 질문을 읽고 알맞은 한자를 써넣어 단어를 완성해 보세요.

✔ 흰 쌀을 이르는 말은?

| 백 | |

✔ 벼의 겉껍질만 벗겨 낸, 색이 누르스름한 쌀을 이르는 말은?

| 현 | |

✔ 겉이 검은 쌀을 이르는 말은?

| 흑 | |

✔ 흔히 환자나 어린아이에게 먹이기 위해 쌀에 물을 충분히 붓고 푹 끓여 체에 걸러 낸 음식을 뜻하는 말은?

| | 음 |

한자 연결하기 4 각 뜻풀이를 읽고 알맞은 단어를 찾아 바르게 연결해 보세요.

군인을 위한 식량으로 쓰는 **쌀** • • 군량**米**

쌀로 담근 술 • • 정**米**소

쌀이나 곡식을 찧는 일을 전문적으로 하는 곳 • • **米**주

부처에게 바치는 **쌀** • • **米**색

기계로 벼를 찧어 **쌀**을 만듦 • • 정**米**

겉껍질만 벗겨 낸 **쌀**의 빛깔과 같은 매우 엷은 노란색 • • 공양**米**

국어 속 한자 찾기 5 다음 글을 읽고 '쌀 미'가 들어간 우리말에 동그라미를 치세요.

백미는 하얀 쌀을, 현미는 누르스름한 쌀을 말한다. '쌀의 빛깔'이라는 뜻의 미색은 백미가 아닌 현미의 색을 가리킨다. 정미소에서 쌀겨를 깎아 정제한 흰색 쌀인 백미는 부드럽고 맛이 좋지만 영양가가 떨어진다. 반면 현미에는 영양이 풍부한 쌀겨가 살아 있어 건강에 좋다. 하지만 식감이 거칠어 소화시키기 어려운 경우도 있다. 그럴 때는 현미로 죽이나 미음을 끓여 먹으면 도움이 된다.

QUIZ 다음 중 '쌀 미'가 쓰이지 않은 단어를 찾아 동그라미를 치세요.

| 정미 | 풍미 | 미주 | 공양미 | 흑미 | 미음 |

오늘 배울 국어 속 한자

身

몸 신

부수 身 | 총 7획

身은 주로 '몸'을 뜻하지만 '몸가짐', '체면', '신분'이라는 의미도 지닙니다.

화자의 말을 듣는 사람(상대방)을 가리키는 2인칭 대명사 '당身'의 身은 '사람의 몸', 즉 내 앞에서 말을 듣고 있는 '그 사람(의 몸)'을 뜻합니다.

'당身'의 기본 의미는 ''너'의 높임말'이지만 쓰임은 다양합니다. 부부 사이에 서로를 부르는 호칭으로, 상대편을 낮잡아 이르는 말로, 윗사람을 가리킬 때 '자기' 대신 쓰는 대명사로도 쓰이지요. 책이나 TV 광고에서 독자나 시청자를 가리키는 '당身'은 특별히 정해지지 않은 '불특정 다수'를 지칭합니다.

한자 따라 쓰기 **1** 순서에 맞게 다음 한자를 써 보세요.

身 身 身 身 身 身 身

身	身				

한자 구별하기 **2** 다음 중 '몸 신'을 찾아 동그라미를 치세요.

耳　穿　射　助　倀　身

✔ 어떤 사람의 몸이나 바로 그 사람을 이르는 말?

| 자 | |

✔ 키가 큰 몸을 이르는 말은?

| 장 | |

✔ 자기 몸을 보호하기 위한 무술을 뜻하는 말은?

| 호 | | 술 |

✔ 개인의 사회적 지위나 자격을 가리키는 말은?

| | 분 |

한자 연결하기 4 각 뜻풀이를 읽고 알맞은 단어를 찾아 바르게 연결해 보세요.

마음과 **몸** • • 심**身**

남의 **몸**을 대리함, 어떤 대상과 역할이나 책임을 바꿈 • • 헌**身**

몸과 마음을 바쳐 모든 정성과 노력을 다함 • • 대**身**

몸가짐이 조심스럽고 얌전함 • • 망**身**

잘못된 말이나 행동으로 자기의 **체면**이나 명예를 망침 • • 조**身**

지역, 학교, 직업 등으로 정해지는 사람의 사회적 **신분**이나 이력 • • 출**身**

국어 속 한자 찾기 5 다음 글을 읽고 '몸 신'이 들어간 우리말에 동그라미를 치세요.

카포에이라(Capoeira)는 브라질로 끌려온 아프리카 출신 노예들이 자신을 보호하기 위해 만든 무술을 말한다. 이들은 노예라는 신분 때문에 자신들의 소유주 몰래 호신술을 익혀야 했다. 그래서 무술처럼 보이지 않도록 음악에 맞춰 춤을 추는 것처럼 가장했다. 손 대신 발을 많이 써 발차기 기술이 화려한 카포에이라는 심신 단련 효과가 탁월해 특히 젊은이들 사이에서 주목을 받고 있다.

QUIZ 다음 중 '몸 신'이 쓰이지 않은 단어를 찾아 동그라미를 치세요.

심신   헌신   망신   귀신   호신술   조신

오늘 배울 국어 **속** 한자

몸 체

부수 骨 I 총 23획

體는 주로 '몸'을 뜻하지만 '형상(모양)', '체제'라는 의미도 지닙니다.

'몸 신(身)'과 '몸 **체**(體)' 모두 '몸'을 뜻하지만 한 가지 다른 점이 있습니다. 身은 주로 사람의 몸을 가리키지만, 體는 사람의 신체뿐 아니라 '구體적인 형體'에서처럼 일정한 형태나 형상을 가진 '물體', 또는 일정한 체제를 갖춘 '단體'를 가리키기도 하지요.

한자 따라 쓰기 **1** 순서에 맞게 다음 한자를 써 보세요.

體 體 體 體 體 體 體 體 體 體 體 體 體 體
體 體 體 體 體 體 體 體 體

體	體					

한자 구별하기 **2** 다음 중 '몸 체'를 찾아 동그라미를 치세요.

骨　髖　體　膃　醴　澧

✔ 사람의 몸을 이르는 말은?

신

✔ 질병이나 추위를 이기기 위한 몸의 능력 또는 육체적 활동을 할 수 있는 몸의 힘을 뜻하는 말은?

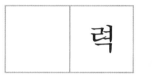

력

✔ 맨몸이나 기구를 사용하여 일정한 형식에 맞춰 몸을 움직이는 운동을 이르는 말은?

조

✔ 몸의 온도를 재는 데 쓰는 기구를 이르는 말은?

온 계

한자 연결하기 각 뜻풀이를 읽고 알맞은 단어를 찾아 바르게 연결해 보세요.

키, 몸무게 등으로 나타나는 **몸**의 외관 형태 ●　　　● 體험

날 때부터 타고난 **몸**의 성질, **몸**의 바탕 ●　　　● 體격

자기가 **몸**으로 직접 겪음 또는 그런 경험 ●　　　● 體질

몸의 크기나 부피 ●　　　● 형體

물건의 생김새나 **모양** 또는 그 바탕이 되는 **몸체** ●　　　● 단體

여러 사람이 모여 이루어진 일정한 **체제**를 갖춘 집단 ●　　　● 體구

국어 ⊙ 한자 찾기 5 다음 글을 읽고 '몸 체'가 들어간 우리말에 동그라미를 치세요.

흔히 체격이 좋은 사람은 체력도 좋다고 생각하지만 늘 그런 건 아니다. 체격은 골격 등의 외형이나 외적인 형체를 가리키고 체력은 신체가 활동할 수 있는 힘을 말한다. 체구도 체격과 마찬가지로 '몸 집'을 뜻하는 말이다. 한편 체질은 몸의 크기나 형체가 아닌 타고난 몸의 성질을 말한다.

QUIZ 다음 중 '몸 체'가 쓰이지 않은 단어를 찾아 동그라미를 치세요.

| 단체 | 체조 | 체질 | 체온계 | 침체 | 체험 |

 오늘 배울 국어 **속** 한자

代는 주로 '대신하다'를 뜻하지만 '시대', '번갈아', '세대'라는 의미도 지닙니다.

'代타'는 원래 '순번에 정해져 있는 타자를 대신하여 공을 치는 사람'을 이르는 야구 용어이지만, 이 의미가 확대돼 '남을 대신해 어떤 일을 하는 사람'을 이르는 일상어로 두루 쓰입니다. 연극계나 영화계에는 대타와 비슷한 '代역'이 있지요. '代역'이란 '결정된 배역을 대신해 그 역할을 맡아 수행하는 사람'을 가리킵니다.

대신할 대

부수 イ(人) | 총 5획

한자 따라 쓰기 **1** 순서에 맞게 다음 한자를 써 보세요.

代 代 代 代 代

代 代

한자 구별하기 **2** 다음 중 '대신할 대'를 찾아 동그라미를 치세요.

什 休 伏 仗 代 伐

✔ 같은 시대를 살아가고 있는 비슷한 연령층의 사람들 또는
부모와 자식, 손자로 이어지는 여러 대를 뜻하는 말은?

세	

✔ 어떤 사람의 역할이나 임무를 바꾸어서 새로 맡는 일을
뜻하는 말은?

	신

✔ 전체의 상태나 특징을 어느 하나로 잘 나타내는 일 또는
어떤 집단의 책임을 맡은 사람을 이르는 말은?

	표

✔ 어떤 결과를 얻기 위해 들이는 노력이나 희생 또는 일을
하고 받는 돈이나 물품을 뜻하는 말은?

	가

지금 이 **시대** • • **代**행

남을 **대신하여** 어떤 권한이나
일을 행함 • • 교**代**

서로 **번갈아** 어떤 일을
차례로 맡아 하거나 맡은 사람 • • 현**代**

어떤 사람이나 단체를
대신하여 의견과 입장을 말함 • • **代**리

남을 **대신하여** 일을 처리함 • • **代**변

배우가 맡은 역할을 다른 사람이
대신 맡아 하는 일이나 그런 사람 • • **代**역

현대 민주주의 국가에서는 국민이 자신을 대신하여 국가의 의사를 결정할 사람을 뽑는 직접 선거를
통해 정치에 참여한다. 선출된 대통령과 국회의원은 국민을 대표해 국정을 운영한다. 따라서 각
세대와 공동체의 생각을 가장 잘 대변해줄 수 있는 전문 '대리인'을 선출하기 위해 투표권을 행사하는
것이다.

QUIZ 다음 중 '대신할 대'가 쓰이지 않은 단어를 찾아 동그라미를 치세요.

세대	대표	대가	교대	대행	대화

오늘 배울 국어 **속** 한자

의원 의

부수 酉 | 총 18획

醫의 훈(뜻)인 '의원'은 '병을 고치는 사람', 즉 '의사'라는 의미이며, 醫는 이외에 '병을 고치다', '치료하다', '의술', '의학'이라는 뜻으로도 쓰입니다.

〈동醫보감〉은 조선시대 명의로 알려진 허준이 지은 '醫서'입니다. '동醫'는 '동방의 의술'이라는 뜻으로, 우리나라 고유의 전통 의학을 뜻하는 '한醫'를 가리키는 말이기도 하지요. 〈동醫보감〉은 허준이 중국과 우리나라에서 편찬된 수천 권의 의서를 엮고 발병 원인과 치료법, 예방법을 적은 한의학 전문 백과사전이라는 점이 가장 큰 특징입니다.

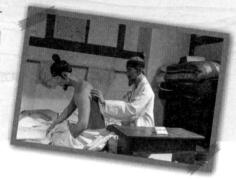

한자 따라 쓰기 **1** 순서에 맞게 다음 한자를 써 보세요.

醫 醫 醫 醫 醫 醫 醫 醫 醫 醫 醫 醫 醫 醫 醫 醫 醫 醫 醫

한자 구별하기 **2** 다음 중 '의원 의'를 찾아 동그라미를 치세요.

醬　薔　嫛　塈　醫　瞖

각 질문을 읽고 알맞은 한자를 써넣어 단어를 완성해 보세요.

✔ 병을 고치는 것을 직업으로 하는 사람을 이르는 말은?

	사

✔ 병원보다 규모가 작으면서, 의사가 환자를 진찰하고 치료할 수 있도록 시설을 갖춘 곳을 이르는 말은?

	원

✔ 동물의 질병을 진찰하고 치료하는 사람을 이르는 말은?

수		사

✔ 병이나 상처를 치료하는 데 쓰이는 약품을 뜻하는 말은?

	약	품

한자 연결하기 ④ 각 뜻풀이를 읽고 알맞은 단어를 찾아 바르게 연결해 보세요.

의술로 다친 곳이나 병을 고침 •

병이나 상처를 고치는 기술 •

병을 잘 고쳐 이름난 **의사** •

• 명醫

• 醫술

• 醫료

우리나라 전통 **의술로 치료하는** 의원 •

의학의 일정한 분야를 전문적으로 맡아보는 **의사** •

사람의 질병과 상해를 **치료하고** 예방하는 기술을 연구하는 학문 •

• 醫학

• 한醫원

• 전문醫

국어 속 한자 찾기 ⑤ 다음 글을 읽고 '의원 의'가 들어간 우리말에 동그라미를 치세요.

의사는 주로 병원이나 의원에서 서양 의학과 양약으로 질병을 치료하는 사람을 말한다. 의사 앞에 '우리나라'를 뜻하는 '한국 한(韓)'을 붙인 한의사는 우리나라 고유의 전통 의학인 한의학 이론을 바탕으로 한의원에서 의술을 펴는 사람을 가리킨다. 한편 '짐승 수(獸)'를 쓴 수의사는 동물을 치료하기 위한 의료 행위를 하는 사람을 가리킨다.

QUIZ 다음 중 '의원 의'가 쓰이지 않은 단어를 찾아 동그라미를 치세요.

의료	명의	전문의	의술	의문	수의사

 오늘 배울 국어 **속** 한자

약 약

부수 ⁺⁺(艸) | 총 19획

藥은 '병을 고치거나 상처를 치료하기 위한 물질'을 가리키는 '약'을 뜻합니다.

가운뎃손가락과 새끼손가락 사이에 있는 넷째 손가락을 가리켜 '藥지'라고 합니다. 옛날에는 약을 물에 타거나 한약의 온도가 적절한지 확인할 때 넷째 손가락을 썼다고 해서 붙은 이름이지요.

배가 아프면 할머니나 엄마가 '내 손은 약손'하고 배를 문질러 주시지요? '藥손'은 '아픈 곳을 만지면 낫게 하는 손'을 뜻합니다.

한자 따라 쓰기 **1** 순서에 맞게 다음 한자를 써 보세요.

藥 藥 藥 藥 藥 藥 藥 藥 藥 藥 藥 藥 藥 藥 藥
藥 藥 藥 藥

藥	藥						

한자 구별하기 **2** 다음 중 '약 약'을 찾아 동그라미를 치세요.

戀　操　藻　蔡　樂　藥

각 질문을 읽고 알맞은 한자를 써넣어 단어를 완성해 보세요.

✔ 이를 닦을 때 쓰는 약을 이르는 말은?

✔ 마시거나 몸을 담그면 약의 효험이 있는 샘물을 이르는 말은?

✔ 약을 짓거나 파는 등 약과 관련한 일을 직업으로 하는 사람을 이르는 말은?

✔ 약사가 약을 짓거나 파는 곳을 이르는 말은?

각 뜻풀이를 읽고 알맞은 단어를 찾아 바르게 연결해 보세요.

약이 되는 풀, **약**풀 • • 보**藥**

몸의 기운을 높여 주고 건강하도록 도와주는 **약** • • **藥**초

농작물에 해로운 병균, 벌레, 잡초 등을 없애기 위해 논밭에 뿌리는 **약품** • • 농**藥**

여러 약재를 섞어 **약**을 만듦 또는 그 **약** • • 묘**藥**

약의 효험 • • **藥**효

신통한 효험을 지닌 **약**, 어떤 문제에 대한 매우 효과적인 해결책 • • 제**藥**

다음 글을 읽고 '약 약'이 들어간 우리말에 동그라미를 치세요.

약은 주로 병이나 상처를 치료할 목적으로 먹거나 바르는 물질을 말한다. 하지만 치약이나 농약처럼 이를 닦거나 해충을 잡을 때 쓰는 물질도 약이라 부르기도 한다. 보약은 허약한 몸을 회복시키고 건강을 유지하도록 돕는 약이고, 약수는 약효가 있는 샘물을 가리키는 말이다. 건강 식품으로 알려져 있는 인삼은 약초라고 부른다.

 QUIZ 다음 중 '약 약'이 쓰이지 않은 단어를 찾아 동그라미를 치세요.

묘약　　치약　　약국　　보약　　제약　　허약

오늘 배울 국어 **속** 한자

病의 훈(뜻)인 '병'은 주로 '신체에 나타나는 이상 증상'을 의미하며, 病은 이외에 '병들다', '흠, 결점'이라는 뜻으로도 쓰입니다.

사회 문제를 진단할 때 '病폐'라는 말을 자주 씁니다. 여기서 病은 사람의 몸에 생기는 병이 아니라 그 사회에 깊이 뿌리박힌 결점을 의미하지요. 바람직하지 못한 경향이나 해로운 현상을 뜻하는 '폐단', 또는 이러한 현상이 끼치는 해를 뜻하는 '폐해'와 쓰임이 비슷합니다.

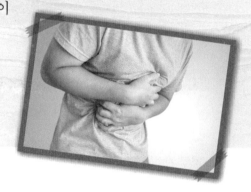

병 병

부수 疒 | 총 10획

한자 따라 쓰기 *1* 순서에 맞게 다음 한자를 써 보세요.

病 病 病 病 病 病 病 病 病 病

病	病					

한자 구별하기 *2* 다음 중 '병 병'을 찾아 동그라미를 치세요.

疾　病　疲　痛　疯　痡

✔ 병의 원인이 되는 균을 뜻하는 말은?

	균

✔ 시설을 갖추고 의사와 간호사가 병든 사람을 치료해 주는 곳을 이르는 말은?

	원

✔ 병원에 입원한 환자가 지내는 방을 뜻하는 말은?

	실

✔ 병을 앓고 있는 사람을 이르는 말은?

	자

몸에 생기는 온갖 **병**　　•　　•　간**病**

병을 고치려는 강한 의지로 **병**과 싸움　　•　　•　질**病**

병을 앓는 사람을 곁에서 돌봄　　•　　•　투**病**

다른 사람에게 옮겨 다녀 집단으로 발병하기 쉬운 **병**　　•　　•　전염**病**

고치기 어려운 **병**　　•　　•　지**病**

오랫동안 앓고 있는 **병**　　•　　•　난치**病**

오늘날 병원에서는 환자를 치료하는 데 첨단 과학을 이용한다. 질병의 원인을 밝혀내거나 치료제를 만드는 데도 3D 프린팅, 로봇 수술, 인공지능 등 최첨단 기술을 동원한다. 원인을 명확히 찾지 못하는 난치병도 보다 정밀하고 정확하게 진단해 병의 원인을 파악할 수 있는 길이 열린 것이다. 첨단 생명공학 기술은 각종 병균에 감염돼 생기는 다양한 전염병의 치료법 개발에도 이용되고 있다.

QUIZ 다음 중 '병 병'이 쓰이지 않은 단어를 찾아 동그라미를 치세요.

투병　　병균　　병렬　　지병　　간병　　병실

129

오늘 배울 국어 속 한자

死는 '죽다', '생명이 다하다', '목숨을 끊다', '죽음'을 뜻합니다.

'死활'은 원래 바둑 용어로, '죽기와 살기'를 의미합니다. 바둑판 위에 놓인 돌은 어떤 기술을 쓰느냐에 따라 '살고 죽는' 운명이 갈리지요. 그래서 '死활'은 바둑판에서 '돌이 죽고 사는 싸움' 또는 '돌의 죽음과 삶을 정하는 한 수'를 뜻합니다. 일상생활에서는 '죽고 살기를 결정할 정도로 중대한 문제'를 빗댄 말로 흔히 쓰이지요.

죽을 사

부수 歹 | 총 6획

한자 따라 쓰기 *1* 순서에 맞게 다음 한자를 써 보세요.

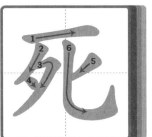

死 死 死 死 死 死

死	死				

한자 구별하기 *2* 다음 중 '죽을 사'를 찾아 동그라미를 치세요.

歼　歼　列　夗　死　歾

✔ 사람의 목숨이 끊어짐을 이르는 말은?

	망

✔ 태어남과 죽음, 삶과 죽음을 아울러 이르는 말은?

생	

✔ 죄인의 목숨을 끊는 형벌을 뜻하는 말은?

	형

✔ 죽은 사람과 다친 사람을 아울러 이르는 말은?

상	자

한자 연결하기 4 각 뜻풀이를 읽고 알맞은 단어를 찾아 바르게 연결해 보세요.

죽을힘을 다해 싸움,
목숨을 걸고 싸움 • • 死수

죽음을 무릅쓰고 지킴 • • 死투

죽을 지경, **죽음**에 다다른 상태 • • 死경

물에 빠져 **죽음** • • 死력

추위에 얼어 **죽음** • • 익死

죽을 힘,
죽기를 각오하고 쓰는 힘 • • 동死

국어 속 한자 찾기 5 다음 글을 읽고 '죽을 사'가 들어간 우리말에 동그라미를 치세요.

어제 화학공장 화재 사고로 30명의 사상자가 발생했다. 인근 병원에 실려 간 부상자 중 오늘 중환자 실로 옮겨진 25세 여성은 현재 사경을 헤매고 있다. 이 병원에 실려 온 다른 부상자들도 생사를 건 사투를 벌이고 있다. 이들은 사력을 다해 가까스로 화재 현장에서 빠져나왔지만, 미처 대피하지 못한 두 명은 결국 사망했다.

QUIZ 다음 중 '죽을 사'가 쓰이지 않은 단어를 찾아 동그라미를 치세요.

사수	익사	사형	동사	사고	사경

131

1 〈보기〉에서 각 빈칸에 알맞은 한자와 뜻을 찾아 써 보세요.

보기 醫 飮 綠 重 草 育 活 體 藥 花
들 입 | 온전 전 | 병 병 | 죽을 사 | 쌀 미 | 날 출 | 아닐 불 | 대신할 대 | 힘 력 | 몸 신

出	入		力	全			不
	살 **활**		무거울 **중**		꽃 **화**	풀 **초**	기를 **육**

	米	身	代			病	死
마실 **음**	푸를 **록**			몸 **체**	의원 **의**	약 **약**	

2 각 한자의 틀린 부분을 찾아 바르게 고쳐 써 보세요.

뽀	人	活	刀	董	金	化	早	肓	朩
날 **출**	들 **입**	살 **활**	힘 **력**	무거울 **중**	온전 **전**	꽃 **화**	풀 **초**	기를 **육**	아닐 **불**

飮	緣	木	身	體	代	醫	樂	病	死
마실 **음**	푸를 **록**	쌀 **미**	몸 **신**	몸 **체**	대신할 **대**	의원 **의**	약 **약**	병 **병**	죽을 **사**

3 각 빈칸에 알맞은 한자와 뜻을 써 보세요.

		活	重		花	草	育	
날 출	들 입		힘 력		온전 전			아닐 불

飮	綠			體		醫	藥	
	쌀 미	몸 신		대신할 대			병 병	죽을 사

[4~5] 다음 글을 읽고 문제에 답하세요.

"다시 두 발로 걷고 싶어요." 멕시코 **❶ 출신**의 후안 페드로 프랑코에게 생긴 작은 꿈이다. 어려서부터 비만에 시달렸던 그는 17세 때 교통사고를 당하면서 삶의 **❷ 활력**을 잃고 초고도비만 상태가 되었다. 32세가 되자 **㉠ 의사**는 그에게 **❸ 체중**을 감량하지 않으면 더 이상 살 수 없을 것이라고 경고했다. 그는 세계에서 몸무게가 가장 많이 나가는 것으로 알려진 기네스북 기록 보유자였다. 프랑코는 체중 줄이기에 **❹ 사활**을 걸었고, 석 달 동안 약 345kg을 감량했다. 그 결과 그의 몸무게는 250kg. 아직도 초고도비만이지만 프랑코는 집 밖으로 **㉡ 나가 ㉢ 푸른** 잔디밭을 걸을 수 있을 그날까지 계속해서 꾸준히 운동하겠다고 다짐했다.

4 다음 중 ❶ ~ ❹의 우리말 소리에 해당하는 한자를 써보세요.

❶ _____ ❷ _____ ❸ _____ ❹ _____

5 다음 중 ㉠ – ㉡ – ㉢의 의미를 나타내는 한자를 골라 보세요.

① 藥 - 出 - 飮   ② 醫 - 出 - 草   ③ 藥 - 出 - 草   ④ 醫 - 出 - 綠

그림 **도**

부수 口 | 총 14획

圖는 주로 '그림', '그리다'를 뜻하지만 '서적', '꾀하다', '계획하다'라는 의미도 지닙니다.

한글이나 한자 같은 글자를 새겨 넣은 '圖장'에는 왜 '그림'을 뜻하는 圖가 쓰였을까요? 개인이나 단체의 이름을 나무나 돌 등에 새겨 그림처럼 나타낸 것이기 때문이지요.

경쟁 사회를 흔히 '각자도생 사회'라고도 합니다. '각자圖생'은 '제각기 살길을 꾀함'이라는 뜻으로, 여기서 圖는 '꾀하다, 계획하다'를 의미하지요.

한자 따라 쓰기 **1** 순서에 맞게 다음 한자를 써 보세요.

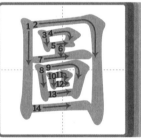

圖 圖 圖 圖 圖 圖 圖 圖 圖 圖 圖 圖 圖 圖

圖 圖

한자 구별하기 **2** 다음 중 '그림 도'를 찾아 동그라미를 치세요.

     冑

✔ 그림이나 책 등을 통틀어 일컫는 말은?

	서

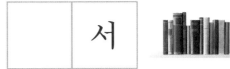

✔ 도서와 자료를 모아 두고 사람들이 빌려 읽거나 공부를 할 수 있게 마련한 곳을 이르는 말은?

	서	관

✔ 그림을 그리는 데 쓰는 종이를 이르는 말은?

화	지	

✔ 버스나 지하철이 다니는 길을 선으로 간단하게 그린 지도를 이르는 말은?

노	선	

무엇을 하고자 하는 생각이나 **계획**, 무엇을 하려고 **꾀하는** 것 • • 圖표

그림의 모양이나 형태 • • 圖형

자료를 분석하여 일정한 양식의 **그림**으로 나타낸 표 • • 의圖

간략하게 줄여 주요한 것만 **그린** 지도 • • 시圖

무엇을 이루어 보려고 **계획함**, 시험적으로 해봄 • • 약圖

그림에서 모양, 색깔, 위치 등의 짜임새 • • 구圖

먼저 내가 살고 싶은 마을을 머릿속에 그려보자. 마을의 전체적인 분위기를 떠올려 대략적인 구도를 잡은 뒤 큰 도화지에 마을에 필요한 시설물을 간단한 도형으로 대강 나타내 본다. 도서관이나 학교, 공공시설, 버스나 지하철 같은 교통수단, 공원이나 휴식 공간 등의 편의 시설을 차례대로 그려 넣는 다음 처음에 의도한 마을의 모습과 비슷한지 점검해 본다.

QUIZ 다음 중 '그림 도'가 쓰이지 않은 단어를 찾아 동그라미를 치세요.

약도	도표	도서	도형	도시	도화지

 오늘 배울 국어 **속** 한자

모양 형

부수 彡 | 총 7획

形은 주로 '모양'을 뜻하지만 '형편', '상황'이라는 의미도 지닙니다.

'무形'은 말 그대로 '형체가 없음'을 뜻합니다. 물 같은 액체는 담는 그릇에 따라 모양이 달라지므로 정해진 모양이 없다는 의미에서 '무形'이라고 하고, 공기처럼 눈에 보이지 않는 기체도 겉으로 드러난 형태가 없으니 '무形'이라고 하지요.

판소리, 살풀이춤, 줄타기 등 우리 고유의 문화 중에서 형체는 없지만 예술적 가치가 큰 것이나 그러한 기술을 보유한 사람을 '무形문화재'라고 부릅니다. 반대로 남대문, 동대문처럼 일정한 형체를 갖춘 국보나 보물은 '유形문화재'라고 하지요.

한자 따라 쓰기 1 순서에 맞게 다음 한자를 써 보세요.

形 形 形 形 形 形 形

形	形					

한자 구별하기 2 다음 중 '모양 형'을 찾아 동그라미를 치세요.

形 刑 刊 邪 彤 形

✔ 사물의 생긴 모양이나 상태를 이르는 말은?

✔ 원 모양이나 둥근 형상을 뜻하는 말은?

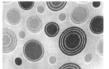

✔ 공처럼 둥근 형태나 모양을 이르는 말은?

✔ 땅의 생긴 모양을 뜻하는 말은?

한자 연결하기 ④ 각 뜻풀이를 읽고 알맞은 단어를 찾아 바르게 연결해 보세요.

형태나 **모양**, 변한 **모양**,
성질이 달라지는 것 • • 形성

어떤 **모양**이나 상태로 이루어짐 • • 변形

사람이나 사물의 **모양**이나
성질, 상태를 나타내는 품사 • • 形용사

점, 선, 면, 체 등이 모여서
이루어진 그림의 **모양**이나 **형태** • • 形편

사물의 생김새나 **모양** • • 形태

일이 되어 가는 **상황**,
살림살이의 **형세** • • 도形

국어 속 한자 찾기 ⑤ 다음 글을 읽고 '모양 형'이 들어간 우리말에 동그라미를 치세요.

원형 또는 정사각형 같은 평면도형은 구형이나 정육면체 같은 입체도형으로 변형할 수 있다. 원은
지름을 축으로 회전시키면 공 모양의 구형이 된다. 바닥에 놓여 있는 정사각형은 밑변을 축으로 수
직으로 세우면 정육면체 형태가 된다. 이처럼 면으로 이루어진 2차원 평면도형에 '공간'이라는 차원
을 더하면 3차원 입체도형으로 형상이 바뀐다.

QUIZ 다음 중 '모양 형'이 쓰이지 않은 단어를 찾아 동그라미를 치세요.

원형   변형   지형   형편   형성   형제

오늘 배울 국어 **속** 한자

뿔 **각**

부수 角 ㅣ 총 7획

角은 '(짐승의) 뿔'을 뜻하며, 이외에 '각도', '다투다'라는 의미도 지닙니다.

관용구로 흔히 쓰이는 '각축을 벌이다', '각축전이 펼쳐지다', '각축장이 되다'의 '角축'에는 왜 角이 쓰였을까요? '角축'은 황소나 사슴이 뿔을 무기 삼아 다투는 모습을 빗댄 표현으로, 서로 이기려고 겨루며 경쟁하는 상황을 나타냅니다. '싸움 전(戰)'을 쓴 '角축전'은 그러한 싸움을, '마당 장(場)'을 쓴 '角축장'은 그러한 싸움이나 경쟁이 벌어지는 장소를 가리키지요.

한자 따라 쓰기 1 순서에 맞게 다음 한자를 써 보세요.

角 角 角 角 角 角 角

角	角				

한자 구별하기 2 다음 중 '뿔 각'을 찾아 동그라미를 치세요.

龜　角　争　甬　魚　負

각 질문을 읽고 알맞은 한자를 써넣어 단어를 완성해 보세요.

✔ 도형의 한 점에서 시작되는 두 개의 직선이 벌어진 정도를 이르는 말은?

	도

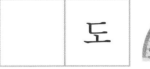

✔ 세 개의 각이 있는 세모로 된 모양을 이르는 말은?

	삼

✔ 모서리를 각이 지게 다듬은 나무를 이르는 말은?

	목

✔ 각진 모양의 설탕, 정육면체나 직육면체 모양으로 만든 설탕을 이르는 말은?

	설	탕

각 뜻풀이를 읽고 알맞은 단어를 찾아 바르게 연결해 보세요.

짐승의 머리에 있는 **뿔**,
남보다 뛰어난 재주, 기술, 지식 •

• 다**角**도

여러 **각도** 또는 여러 방면 •

• 시**角**

사물을 보는 **각도**,
보거나 생각하는 방향 •

• 두**角**

한 개의 **뿔**,
한 귀퉁이 또는 한 부분 •

• 일**角**

직각보다 작은 **각** •

• **角**축

서로 이기려고 겨루며 **다툼** •

• 예**角**

다음 글을 읽고 '뿔 각'이 들어간 우리말에 동그라미를 치세요.

우리가 알고 있는 극지는 '빙산의 일각'일지도 모른다. 극지방에는 전 세계에서 모여든 과학자들이 기후 변화의 원인과 해양 자원을 다각도로 탐구하고 있다. 극지 연구에서는 일부 선진국들이 먼저 두각을 보였고 우리나라도 남극에 세종 기지를, 북극에 다산 기지를 세우면서 각축전에 뛰어들었다. 극지 연구는 환경 문제와 자원 개발 문제를 폭넓은 시각에서 바라볼 수 있게 해 주는 유망분야다.

QUIZ 다음 중 '뿔 각'이 쓰이지 않은 단어를 찾아 동그라미를 치세요.

생각	각설탕	예각	일각	각도	삼각

오늘 배울 **국어 속** 한자

글 **장**

부수 立 | 총 11획

章은 주로 '글', '문장'을 뜻하지만 '악곡이나 글을 구분하는 단위', '도장', '표지'라는 의미도 지닙니다.

옛날 유럽의 귀족이나 왕가에서는 가문을 상징을 나타내는 문장(紋章)을 갖고 있었습니다. '문章'이란 국가, 가문, 단체, 개인 등을 나타내는 상징적인 표지로 문자나 그림으로 되어있지요. 세계 유수의 대학 중 하나인 하버드 대학은 방패 문장을 학교의 상징으로 쓰고 있습니다. 이 방패에는 라틴어로 '진리'를 의미하는 'VERITAS'가 쓰여 있답니다.

한자 따라 쓰기 **1** 순서에 맞게 다음 한자를 써 보세요.

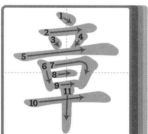

章 章 章 章 章 章 章 章 章 章 章

章	章				

한자 구별하기 **2** 다음 중 '글 장'을 찾아 동그라미를 치세요.

竟 童 章 音 普 草

✔ 생각이나 느낌 등을 글로 표현한 것을 이르는 말은?

 문

위어가면서 하세요 ☺

✔ 문서에 찍어 표시나 증거로 삼기 위해 나무나 돌 등에 이름이나 글자를 새겨 넣은 물건을 이르는 말은?

도

✔ 나라나 사회에 크게 공헌한 사람에게 주는 표지로 가슴이나 모자에 다는 물건을 뜻하는 말은?

 훈

✔ 교향곡이나 소나타 등 여러 악곡들은 독립된 여러 개의 소곡들로 이루어졌는데, 그 소곡 하나하나를 이르는 말은?

악

글을 짓는 실력이 뛰어난 사람 ● ● 문**章**가

손가락에 인주를 묻혀 지문을 **도장** 대신 찍는 것, 손**도장** ● ● 지**章**

글을 쓰는 능력 ● ● 문**章**력

신분이나 지위를 나타내기 위한 **표지**로 팔에 두르는 띠 ● ● 완**章**

좋은 내용으로 이루어진 잘 쓴 **문장** ● ● 체력**章**

학생들에 대한 체력 검사의 결과를 **글**로 적은 기록부 ● ● 명문**章**

좋은 문장은 좋은 글감과 단련된 문장력에서 나온다. 좋은 글감을 고르려면 평소 좋은 글을 많이 읽어야 한다. 고전 명문장을 읽으면 글감을 찾는 데 영감을 얻을 수 있고 사고력도 키울 수 있다. 하지만 문장력은 독서만으로는 늘지 않는다. 뛰어난 문장가들이 조언하듯 꾸준히 글을 쓰는 훈련을 해야 명문을 지을 수 있다.

 QUIZ

다음 중 '글 장'이 쓰이지 않은 단어를 찾아 동그라미를 치세요.

| 악장 | 체력장 | 지장 | 완장 | 장군 | 도장 |

오늘 배울 국어 속 한자

度는 뜻에 따라 음이 달라집니다. '법도, 법', '정도'를 뜻할 때는 '**도**'로 읽고, '헤아리다'를 뜻할 때는 '**탁**'으로 읽지요.

'제度'의 度는 '법규, 법도'를 가리키고 '온度, 속度, 빈度, 난이度, 진度' 등에 쓰인 度는 '정도'를 나타냅니다. 따라서 위 경우 모두 '**도**'로 읽지요. '촌度'은 '남의 마음을 헤아리다'를 뜻하며, '예度'은 '미리 헤아리다'라는 뜻으로 흔히 '예측'이라고도 합니다. 이 두 경우에는 '**탁**'으로 읽어야 합니다.

법도 도, 헤아릴 탁

부수 广 l 총 9획

한자 따라 쓰기 **1** 순서에 맞게 다음 한자를 써 보세요.

度 度 度 度 度 度 度 度 度

度	度						

한자 구별하기 **2** 다음 중 '법도 도, 헤아릴 탁'을 찾아 동그라미를 치세요.

席　庚　度　庶　度　廈

한자 완성하기 3 각 질문을 읽고 알맞은 한자를 써넣어 단어를 완성해 보세요.

✔ 따뜻하고 차가운 정도를 나타내는 수치를 뜻하는 말은?

온	

✔ 공기 가운데에 수증기가 포함되어 있는 정도를 뜻하는 말은?

습	

✔ 생활상에 예절과 체계 또는 법률과 제도를 아울러 이르는 말은?

법	

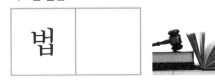

✔ 사물의 성질이나 가치를 좋고 나쁨, 많고 적음 등으로 본 분량이나 수준을 뜻하는 말은?

정	

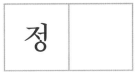

한자 연결하기 4 각 뜻풀이를 읽고 알맞은 단어를 찾아 바르게 연결해 보세요.

정도가 지나침 • • 빈**度**

일이나 학교 과정이 진행되는 속도나 **정도** • • 과**度**

같은 일이나 현상이 자주 나타나는 **정도** • • 진**度**

매우 심한 **정도** • • 극**度**

세기가 강한 **정도** • • 제**度**

법이나 관습 등의 규범이나 사회 구조의 체계 • • 강**度**

국어 속 한자 찾기 5 다음 글을 읽고 '법도 도, 헤아릴 탁'이 들어간 우리말에 동그라미를 치세요.

실내에 머무는 시간이 많은 겨울에는 건강에 더 유의해야 한다. 실내 온도는 18~20도로 너무 덥지 않게 유지하되 날씨가 건조해 피부가 메마르기 쉬우니 습도 조절에도 신경을 써야 한다. 과도한 운동은 오히려 부상을 유발할 수 있으므로 일주일에 3회 20분 정도로 시작하고, 몸이 적응하면 빈도를 주 5회까지 늘리거나 자신의 체력 수준에 맞게 서서히 운동 강도를 높인다.

QUIZ 다음 중 '법도 도, 헤아릴 탁'이 쓰이지 않은 단어를 찾아 동그라미를 치세요.

빈**도**	진**도**	촌**탁**	극**도**	제**도**	도구

6급 II
고등학교 필수

오늘 배울 국어 속 한자

球는 '공'을 뜻하며, 이외에 '둥근 물체', '둥글다'라는 의미도 지닙니다.

야구에서 주로 쓰이는 '투球'와 '타球'는 어떻게 다를까요? '투球'는 투수가 하는 행동을, '타球'는 타자가 하는 행동을 가리킵니다. 이 말인즉슨 공을 던지는 선수인 '투수'가 '공을 던지는 것 또는 던진 공'을 '투球'라 하고, 공을 치는 선수인 '타자'가 '공을 치는 것 또는 친 공'을 '타球'라고 하는 것이지요.

공 구

부수 王(玉) | 총 11획

한자 따라 쓰기 1 순서에 맞게 다음 한자를 써 보세요.

球 球 球 球 球 球 球 球 球 球 球

球	球					

한자 구별하기 2 다음 중 '공 구'를 찾아 동그라미를 치세요.

捄　球　珠　珪　玖　救

144　국어 속 한자 66일차

✔ 주로 발로 공을 차서 상대편의 골에 공을 넣어 승부를
　겨루는 경기를 이르는 말은?

✔ 손을 사용해 상대방의 바스켓에 공을 던져 넣어 그 득점을
　겨루는 경기를 이르는 말은?

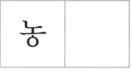

✔ 9회씩 공격과 수비를 번갈아하며 상대편 투수가 던진
　공을 방망이로 쳐서 득점을 겨루는 경기를 이르는 말은?

✔ 인류가 사는 천체로 태양에서 세 번째로 가까운 둥근 행성을
　이르는 말은?

한자 연결하기 **4** 각 뜻풀이를 읽고 알맞은 단어를 찾아 바르게 연결해 보세요.

둥근 **물체**의 절반 • • 안球

눈의 구멍 안에 있는
공 모양의 기관, 눈알 • • 반球

둥근 지구를 적도에서 남북으로
나누었을 때 북쪽 부분 • • 북반球

탁구, 축구, 배구 등
공을 사용하는 운동 경기 • • 시球

축구나 야구처럼 **공**으로 하는
운동 경기를 사업으로 하는 단체 • • 球단

야구경기 등에서 시작을 알리기
위해 처음으로 **공**을 던지는 일 • • 球기

국어 속 한자 찾기 **5** 다음 글을 읽고 '공 구'가 들어간 우리말에 동그라미를 치세요.

축구, 야구, 농구 등 주요 구기 종목에 속한 프로 구단 선수들은 새로운 시즌을 앞두고 전지훈련을 떠
난다. 국내에서는 최적의 전지훈련 장소로 전남이나 경남, 제주도 일부 지역이 흔히 꼽힌다. 해외 전
지훈련 장소로는 적도 부근 동남아시아 국가나 적도를 기준으로 지구 반대쪽에 자리해 서로 기후가
정반대인 북반구의 유럽 또는 남반구의 뉴질랜드, 호주 등지를 찾는다.

QUIZ

다음 중 '공 구'가 쓰이지 않은 단어를 찾아 동그라미를 치세요.

| 지구 | 구기 | 시구 | 구멍 | 농구 | 안구 |

 오늘 배울 국어 속 한자

많을 다

부수 夕 | 총 6획

多는 주로 '많다'를 뜻하지만 '여러 가지'라는 뜻도 지닙니다.

유달리 교통사고가 많이 일어나는 곳을 '교통사고 多발 지역'이라고 합니다. '多발'은 '자주 발생함'이라는 뜻으로, 단순히 교통사고가 많이 발생한다는 정보를 전달한다기보다 이곳을 지날 때는 사고가 나지 않도록 각별히 조심해야 한다는 주의를 요청하는 표현이지요.

한자 따라 쓰기 1 순서에 맞게 다음 한자를 써 보세요.

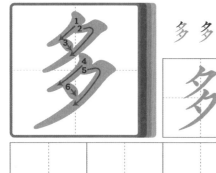

多 多 多 多 多 多

多　多

한자 구별하기 2 다음 중 '많을 다'를 찾아 동그라미를 치세요.

侈　各　冬　夕　名　多

✔ 많은 분량을 이르는 말은?

	량

✔ 모양이나 양식이 여러 가지로 많음을 뜻하는 말은?

	양

✔ 지나치게 많음을 뜻하는 말은?

과	

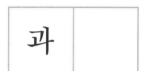

✔ 한 사회 안에 여러 민족이나 여러 나라의 문화가 섞여 있는 것을 이르는 말은?

	문	화

한자 연결하기 **4** 각 뜻풀이를 읽고 알맞은 단어를 찾아 바르게 연결해 보세요.

많은 수, 수효가 **많음**   •   • **多**재**多**능

책을 **많이** 읽음   •   • **多**독

재능과 능력이 **많음**   •   • **多**수

정이 **많음**, 인정이 **많음**   •   • **多**정

여러 가지 쓰임새, 용도가 **많음**   •   • 최**多**

수나 양이 가장 **많음**   •   • **多**용도

국어 ⬆ 한자 찾기 **5** 다음 글을 읽고 '많을 다'가 들어간 우리말에 동그라미를 치세요.

봄이네 학교에서는 매년 다독왕 대회를 연다. 작년에는 민우가 역대 최다 독서를 한 다독왕이 되었다. 민우는 과학, 역사, 문학 등 다양한 종류의 책을 읽었다고 한다. 봄이를 비롯한 다수의 학생들이 다독왕 대회에 참여하여 한 해 동안 많은 책을 읽었다. 선생님께서는 어렸을 때 읽은 책은 오랫동안 기억에 남으므로 초등학생 때 책을 많이 읽는 것이 좋다고 말씀하셨다.

QUIZ 다음 중 '많을 다'가 쓰이지 않은 단어를 찾아 동그라미를 치세요.

다문화   다양   과다   다툼   다재다능   다량

오늘 배울 국어 **속** 한자

다행 행

부수 干 | 총 8획

幸은 '다행', '좋은 운', '행복'을 뜻합니다.

'다幸'은 '좋은 운이 많아 뜻밖에 일이 잘 풀려 흡족함'을 의미합니다. 반대말은 '운수가 나쁨, 행복하지 못함'을 뜻하는 '불幸'이지요.

'운이 아주 좋다'는 의미로 강조할 때는 '아주 많음'을 뜻하는 '천만(千萬)'을 더해 '매우 다행함'이라는 뜻의 '천만다幸'이라고 표현합니다. '다幸'에서 '다(多)' 대신 '하늘'을 뜻하는 '천(天)'을 붙여 '천幸'이라고 표현하기도 하지요.

한자 따라 쓰기 **1** 순서에 맞게 다음 한자를 써 보세요.

幸 幸 幸 幸 幸 幸 幸 幸

幸	幸						

한자 구별하기 **2** 다음 중 '다행 행'을 찾아 동그라미를 치세요.

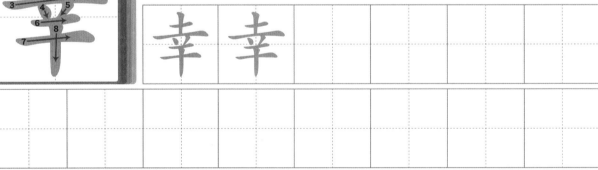

弄 莘 宰 倖 辛 幸

✔ 삶에서 충분한 만족과 기쁨을 느껴 흐뭇한 상태를
   뜻하는 말은?

| | 복 |  |

✔ 좋은 운수 또는 행복한 운수를 이르는 말은?

| | 운 | |

✔ 행복을 바라거나 또는 뜻밖에 얻은 행복을 뜻하는 말은?

| 요 | |  |

✔ 행복하지 않음을 이르는 말은?

| 불 | | |

한자 연결하기 **4** 각 뜻풀이를 읽고 알맞은 단어를 찾아 바르게 연결해 보세요.

행복한 느낌 •   • 천**幸**

하늘이 준 뜻밖의 **좋은 운**이나
큰 행운 •   • **幸**복감

뜻밖에 **좋은 운**,
뜻밖에 일이 잘되어 운이 좋음 •   • 다**幸**

행복과 불행 •   • 천만다**幸**

어떤 일이 뜻밖에 잘 풀려
매우 **다행**함 •   • **幸**불**幸**

좋은 운을 만나서
모든 일이 뜻대로 잘되고
좋은 일만 생기는 사람 •   • **幸**운아

국어 속 한자 찾기 **5** 다음 글을 읽고 '다행 행'이 들어간 우리말에 동그라미를 치세요.

마음이 통하는 좋은 친구를 만날 때, 가족과 맛도 좋고 건강에도 좋은 음식을 먹을 때, 다른 사람을
행복하게 해 줄 때 우리는 행복감을 느낀다. 그러고 보면 행불행이란 나 혼자만의 문제가 아니라 다
른 사람들과의 건강한 관계를 통해 저절로 생겨나는 감정이 아닐까 싶다. 요행이나 천행을 바라지
않고 진심을 다해 좋은 인간관계를 만들어 나가는 사람이야말로 진정한 행운아다.

 QUIZ 다음 중 '다행 행'이 쓰이지 않은 단어를 찾아 동그라미를 치세요.

천만다**행**   행복   불**행**   **행**운아   **행**동   요행

 오늘 배울 국어 속 한자

머리 두

부수 頁 | 총 16획

頭는 '머리'를 뜻하지만 '맨 앞', '처음'이라는 뜻도 지닙니다.

머리와는 아무 상관이 없어 보이는 '만頭'에도 頭가 쓰였습니다. 왜일까요? 소설 〈삼국지〉에서 그 기원을 찾을 수 있습니다. 제갈공명은 전쟁을 치르고 돌아오는 길에 험한 강을 만납니다. 마을 사람들이 산 사람의 머리를 제물로 바치고 제사를 지내면 무사히 강을 건널 수 있다고 얘기하자 이유 없이 사람을 죽일 수 없었던 제갈공명은 한 가지 묘책을 생각해 냅니다. 밀가루에 짐승의 고기를 넣고 사람의 머리 모양으로 빚어 제사를 지낸 것이지요. 그러자 강이 거짓말처럼 잠잠해졌다고 합니다.

한자 따라 쓰기 1 순서에 맞게 다음 한자를 써 보세요.

頭 頭 頭 頭 頭 頭 頭 頭 頭 頭 頭 頭 頭 頭 頭 頭

頭	頭			

한자 구별하기 2 다음 중 '머리 두'를 찾아 동그라미를 치세요.

踬　敁　頭　頡　頤　踪

✔ 머리가 아픈 증세를 이르는 말은?

 통

✔ 사람이나 동물의 신경을 다스리는 머리뼈 안에 있는 기관을 뜻하는 말은?

뇌

✔ 헝겊으로 만들어 머리에 쓰는 물건을 이르는 말은?

 건

✔ 머리에 난 털을 뜻하는 말은?

발

한자 연결하기 4 각 뜻풀이를 읽고 알맞은 단어를 찾아 바르게 연결해 보세요.

머리의 모양이나 생김새　·　　　·　頭상

줄이나 행렬에서 맨 앞　·　　　·　서頭

일이나 말이 시작되는 첫 부분　·　　　·　선頭

머릿속의 생각, 마음속　·　　　·　몰頭

다른 생각을 할 여유가 없이
머릿속(정신)이 온통
어떤 일에 몰입함　·　　　·　염頭

어떤 문제나 현상이 처음 나타남　·　　　·　대頭

국어 속 한자 찾기 5 다음 글을 읽고 '머리 두'가 들어간 우리말에 동그라미를 치세요.

글의 서두는 이랬다. "인간이 가장 우월한 생명체라는 믿음은 근거 없는 주장이다." 성우는 의아했다. 인간이 고도의 정신문화를 이룩하고 이를 전승할 수 있는 건 인간의 두뇌가 제일 우수해서라고 배웠기 때문이다. 두통이 느껴질 정도로 깊은 생각에 몰두하다 보니 문득 선생님의 말씀이 떠올랐다. 자연 파괴를 일삼는 구실로 이용되는 인간 우월주의에 대한 비판이 대두하고 있다고 얘기하신 기억이 난 것이다.

QUIZ

다음 중 '머리 두'가 쓰이지 않은 단어를 찾아 동그라미를 치세요.

두건　염두　몰두　두부　두발　선두

오늘 배울 **국어 속 한자**

뜻 **의**

부수 心 | 총 13획

意는 '뜻'을 의미하면서 '생각', '마음'이라는 뜻도 지닙니다.

'意미'와 '意도'는 어떻게 다를까요? '意미'는 '말이나 글이 지닌 뜻'을 말하고, '意도'는 '어떤 것을 하려는 생각이나 계획'을 말합니다. 전자는 '내용, 뜻'을, 후자는 '의지, 계획'을 강조한 것이지요.

'실意', '전意', '합意'는 어순상 모두 뒤에 意가 오지만 뜻을 풀이하는 순서는 다릅니다. '실意'는 '뜻이나 의욕을 잃음'으로 意를 먼저 풀이하지만, '전意'는 '싸우고자 하는 의욕'으로 意를 나중에 풀이하지요. 반면 '합意'는 '의견이 일치함, 일치한 의견' 둘 다를 뜻합니다.

한자 따라 쓰기 **1** 순서에 맞게 다음 한자를 써 보세요.

意 意 意 意 意 意 意 意 意 意 意 意 意

意	意					

한자 구별하기 **2** 다음 중 '뜻 의'를 찾아 동그라미를 치세요.

竟　竟　意　章　童　竜

한자 완성하기 3 각 질문을 읽고 알맞은 한자를 써넣어 단어를 완성해 보세요.

✔ 어떤 일을 이루고자 하는 강한 마음을 뜻하는 말은?

	지	

✔ 일부러 하는 생각이나 행동을 가르켜 이르는 말은?

	고	

✔ 친절한 마음 씀씀이나 태도, 좋게 생각하여 주는 마음을 이르는 말은?

	호	

✔ 지금까지 없던 새로운 생각이나 의견을 가진 또는 그런 것을 이르는 말은?

	창		적	

한자 연결하기 4 각 뜻풀이를 읽고 알맞은 단어를 찾아 바르게 연결해 보세요.

어떤 일을 정성껏 하는
태도나 **마음** •   • **意**도

무엇을 이루고자 하는
생각이나 계획 •   • 주**意**

어떤 일에 관심을 집중하여
마음을 쏟음,
경고나 훈계로 일깨움 •   • 성**意**

말이나 글의 **뜻**,
어떤 일이나 행동에 담긴 **뜻** •   • **意**외

전혀 예상하거나
생각하지 못한 것 •   • **意**미

자기 나름대로 판단하여
가지는 **생각** •   • **意**견

국어 속 한자 찾기 5 다음 글을 읽고 '뜻 의'가 들어간 우리말에 동그라미를 치세요.

학교에서 열리는 발명 대회에 참가하게 된 진호는 우승을 향한 의지가 가득했다. 좀 더 창의적인 발명품을 만들기 위해 고민하던 중 같은 반 친구 민지도 참가한다는 것을 알게 되었다. 진호는 민지와 한 팀을 이뤄 참가하면 좀 더 나은 결과를 얻을 수 있겠다는 생각에 민지에게 함께 대회에 참가하지 않겠냐고 자신의 의도를 전했다. 거절하지는 않을까 하는 걱정과 달리 민지는 의외로 쉽게 진호의 의견을 받아들였다.

QUIZ 다음 중 '뜻 의'가 쓰이지 않은 단어를 찾아 동그라미를 치세요.

고의	의지	주의	호의	의심	성의

오늘 배울 국어 **속** 한자

向은 '향하다', '나아가다'를 뜻하며, 이 의미가 확대돼 '방향', '경향'이라는 뜻으로도 쓰입니다.

'외向'은 그대로 풀이하면 '바깥쪽을 향함'을 뜻합니다. 이 말에서 파생된 '외向성'은 마음을 '바깥으로' 드러내는 적극적인 성격이나 성향을 가리키지요. 반대로 '내向'은 '안쪽을 향함'을 의미합니다. 흔히 내성적이고 소극적인 성격을 '내向성'이라고 하지요.

향할 향

부수 口 l 총 6획

한자 따라 쓰기 1 순서에 맞게 다음 한자를 써 보세요.

向 向 向 向 向 向

向	向						

한자 구별하기 2 다음 중 '향할 향'을 찾아 동그라미를 치세요.

同　问　同　尚　回　向

✔ 위쪽을 향함, 한도나 기준을 더 높게 잡음을 뜻하는 말은?

상	

✔ 실력, 수준, 기술 등이 더 나아짐을 이르는 말은?

	상

✔ 하고 싶은 마음이나 욕구가 쏠리는 방향을 뜻하는 말은?

취	

✔ 바람이 불어오는 방향을 이르는 말은?

풍	

한자 연결하기 각 뜻풀이를 읽고 알맞은 단어를 찾아 바르게 연결해 보세요.

방향을 다른 데로 바꿈 • • 전**向**

성질에 따른 **경향** • • 지**向**

어떤 목표로 뜻이 쏠리어 **향함**,
또는 그 **방향**이나 의지 • • 성**向**

향하여 나아가는 방향 • • **向**방

한쪽 **방향**으로 치우침 • • 경**向**

생각이나 행동 혹은 현상이
어느 한쪽으로 **향하여** 기울어짐 • • 편**向**

국어 속 한자 찾기 5 다음 글을 읽고 '향할 향'이 들어간 우리말에 동그라미를 치세요.

내성적인 성격을 극복해야 된다고 생각하는 사람들이 많다. 자신을 드러내고 매사에 적극성을 보여야 살아남는 경쟁사회에서는 외향적인 성격을 긍정적으로 보고 우대하는 경향이 있다. 하지만 이처럼 편향된 시각은 내향성이 교정해야 할 성향이라는 편견을 만들어 낸다. 사람마다 취향이 다르듯 성향도 저마다 다양하다. 그러므로 자신의 성향에 맞게 각자의 능력을 향상시켜 나가면 되는 것이다.

 다음 중 '향할 향'이 쓰이지 않은 단어를 찾아 동그라미를 치세요.

취향	향수	풍향	지향	상향	향방

 오늘 배울 국어 **속** 한자

부을 주

부수 氵(水) | 총 8획

注의 훈(뜻)인 '붓다'는 액체나 가루 등을 '~에 넣다', '~에 채워 넣다'를 뜻하면서 힘이나 뜻 등을 '~에 쏟다'라는 의미도 지닙니다.

약을 혈관에 직접 넣을 때 쓰는 '注사'의 '사(射)'는 '발사, 사격'에서처럼 '~을 쏘다'라는 뜻을 지니므로 '注사'는 '(약물을) 몸속으로 쏘아 집어넣음 또는 그 기구'를 뜻합니다.

'注입'은 '흘러 들어가도록 집어넣음'을 뜻하므로 '주사를 놓다'와 '약물을 주입하다'는 같은 의미를 나타냅니다. 이 의미가 확대돼 '注입식 교육'에서처럼 '지식을 일방적으로 불어넣어 학습자가 외우게 하다'라는 뜻으로도 쓰이지요.

한자 따라 쓰기 **1** 순서에 맞게 다음 한자를 써 보세요.

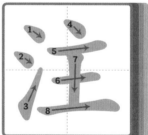

注 注 注 注 注 注 注 注

注	注						

한자 구별하기 **2** 다음 중 '부을 주'를 찾아 동그라미를 치세요.

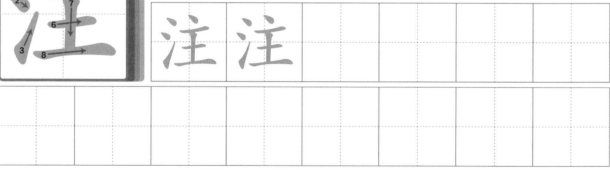

住　往　洼　洋　注　注

✔ 다른 사람에게 요구하거나 부탁함 또는 어떤 상품을
신청함을 뜻하는 말은?

	문

✔ 어떤 한 가지 일에 마음과 정신을 집중시키는 힘을 이르는
말은?

	의	력

✔ 몸에 약액을 넣는 데 쓰는 기구를 이르는 말은?

	사	기

✔ 자동차 등에 기름을 넣는 것을 이르는 말은?

	유

한자 연결하기 **4** 각 뜻풀이를 읽고 알맞은 단어를 찾아 바르게 연결해 보세요.

어떤 일에 온 힘을 **쏟음** •   • 注력

마음에 **넣어**(새겨) 두고
조심하지 않음   •   • 注시

온 정신을 **쏟아** 자세히 살핌,
자세히 눈여겨 봄   •   • 부注의

관심을 **쏟거**나 관심을 가지고
주의 깊게 살피는 것   •   • 注입

마음을 **쏟는** 태도가 필요함,
각별한 주의가 필요함   •   • 注목

흘러 들어가게 **부어** 넣음 •   • 요注의

국어 속 한자 찾기 **5** 다음 글을 읽고 '부을 주'가 들어간 우리말에 동그라미를 치세요.

오늘은 예방 접종이 있는 날이다. 민우는 주사가 무섭다. 주사기 바늘이 피부를 뚫고 들어갈 때는 괜히 오싹해진다. 약물이 몸속으로 주입될 때도 어쩐지 불쾌한 느낌이 든다. 오늘은 되도록 주삿바늘이 들어갈 때 똑바로 주시하지 않고 딴 데 신경을 돌려봐야겠다. 드디어 민우 차례다. 민우의 작전은 성공할 수 있을까?

QUIZ 다음 중 '부을 주'가 쓰이지 않은 단어를 찾아 동그라미를 치세요.

부주의   주의력   요주의   주문   주인   주목

기름 **유**

부수 氵(水) | 총 8획

🐻 오늘 배울 국어 **속** 한자

油는 '기름', '석유'를 뜻하는 한자입니다.

물감을 물에 섞어 붓으로 칠한 그림은 '수채화'라고 하지요? 물감을 물이 아닌 기름에 개어 그린 그림은 '油화' 또는 '油채화'라고 합니다. 보통 물로 밝기를 조절하는 수채화는 맑고 투명한 느낌을 주지만 유화는 불투명하고 수채화처럼 빨리 마르지 않는다는 특징이 있지요.

수업 시간에 선생님께서 종종 나눠 주시는 '油인물'에도 油가 쓰입니다. 왜일까요? 인쇄는 물과 기름이 서로 섞이지 않는 성질을 이용한 기술이므로 油가 쓰인 것이랍니다.

한자 따라 쓰기 **1** 순서에 맞게 다음 한자를 써 보세요.

油 油 油 油 油 油 油 油

油	油						

한자 구별하기 **2** 다음 중 '기름 유'를 찾아 동그라미를 치세요.

油 油 沮 迪 油 泪

✔ 석유, 등유, 휘발유 등의 기름을 사는 데 드는 비용을 이르는 말은?

	류	비

✔ 어떤 것에 묻거나 섞여 있는 기름기를 이르는 말은?

	분

✔ 음식을 만드는 데 사용하는 기름을 이르는 말은?

식	용	

✔ 기름을 담아두는 아주 큰 통을 설치하고 석유를 운반하는 배를 뜻하는 말은?

	조	선

한자 연결하기 **4** 각 뜻풀이를 읽고 알맞은 단어를 찾아 바르게 연결해 보세요.

자동차 등에 **기름**을 넣는 곳 • • 주油소

땅속이나 바닷속에서 뽑아낸 천연 그대로의 **기름** • • 석油

자동차나 공장을 가동하는 연료 등으로 쓰는 검은색의 **기름** • • 원油

석유의 판매 가격 • • 油전

석유가 나는 곳(지역) • • 산油국

육지나 바다에서 **석유**를 생산하는 나라 • • 油가

국어 속 한자 찾기 **5** 다음 글을 읽고 '기름 유'가 들어간 우리말에 동그라미를 치세요.

우리나라는 기름이 나지 않아 원유를 유조선에 실어 먼 나라에서 수입해 온다. 우리나라가 산유국이 된다면 어떻게 될까? 유전이 개발되고 석유와 천연가스가 나온다면 어떨까? 유가가 내려가고 난방비나 자동차 유류비가 줄어들까? 아니면 사람들이 오히려 더 마음껏 쓰게 될까? 중요한 건 석유 소비는 비용 문제가 아니라 환경 문제라는 점이다.

QUIZ 다음 중 '기름 유'가 쓰이지 않은 단어를 찾아 동그라미를 치세요.

유학   주유소   유분   유화   유류비   식용유

오늘 배울 국어 **속** 한자

石은 주로 '돌', '바위'를 뜻하며 돌의 성질과 관련된 뜻을 나타내기도 합니다.

액체인 '石유'에는 왜 고체인 '돌'을 뜻하는 石이 쓰인 걸까요? 땅속에서 검은색 기름이 나온다는 사실을 발견한 옛날 사람들은 이 기름을 그릇(등잔, 호롱)에 담아 불을 켜는 데 사용했습니다. 이 기름이 땅속 깊이 박혀 있는 돌에 저장돼 있다고 생각해 '돌을 짜면 나오는 기름'이라는 뜻으로 '石유'라 부른 것이지요.

돌 석

부수 石 | 총 5획

한자 따라 쓰기 ***1*** 순서에 맞게 다음 한자를 써 보세요.

石 石 石 石 石

石	石				

한자 구별하기 ***2*** 다음 중 '돌 석'을 찾아 동그라미를 치세요.

召　右　石　告　古　춤

✔ 아주 옛날에 살았던 생물의 뼈나 활동 흔적이 땅속에
묻혀 돌처럼 굳어 버린 것을 이르는 말은?

화	

✔ 쇠붙이를 끌어당기는 힘을 가진 돌을 이르는 말은?

자	

✔ 단단하며 빛깔이 곱고 반짝거려서 흔히 몸치장하는
장신구를 만드는 희귀하고 값비싼 돌을 이르는 말은?

보	

✔ 연료 또는 화학 공업 재료로 쓰이는, 타기 쉬운 검은색 돌을
이르는 말은?

	탄

한자 연결하기 4 각 뜻풀이를 읽고 알맞은 단어를 찾아 바르게 연결해 보세요.

돌로 만든 사람 모양이나
동물 형상 •
    • 石상

인공적으로 처리하지 않은
그대로의 광석(돌) •
    • 금강石

다이아몬드라고도 부르는
가장 단단한 천연 광석(돌) •
    • 원石

나무와 돌, 나무와 돌처럼 아무런
감정이 없는 사람을 비유하는 말 •
    • 石기

주로 선사 시대에 사용한 유물로
돌로 만든 인류 초기의 생활 도구 •
    • 운石

떨어진 돌, 우주에서 지구로
빛을 내며 떨어지는 작은 물체 •
    • 목石

국어 속 한자 찾기 5 다음 글을 읽고 '돌 석'이 들어간 우리말에 동그라미를 치세요.

화석은 아주 오랜 옛날 지구의 모습을 연구하는 데 중요한 자료이다. 이를 바탕으로 한 화석 연구
는 석유나 석탄 같은 화석 연료와 기타 천연 광물을 찾는데 이용되기도 한다. 다이아몬드의 원석인
금강석은 순수한 탄소로 구성된 광물이다. 이 광물은 값비싼 보석이 되기도 하지만, 매우 단단하기
때문에 공업 원료로 사용되기도 한다.

QUIZ 다음 중 '돌 석'이 쓰이지 않은 단어를 찾아 동그라미를 치세요.

원석   석기   좌석   목석   자석   운석

 오늘 배울 국어 **속** 한자

定은 '정하다', '결정하다', '인정하다'를 뜻합니다.

'定식'은 가격이나 식단을 미리 정해 놓고 파는 음식을 말합니다. 여기에 '우리나라'를 뜻하는 '한국 한(韓)'을 붙인 '한定식'은 우리나라 고유의 음식으로 그 종류와 가짓수를 정해 놓은 식사를 가리키지요.

반의어 관계인 '긍定'과 '부定'에서 定은 '인정하다'를 뜻합니다. '긍정하다'는 '그렇다고 인정하다'를, '부定하다'는 '그렇다고 인정하지 않다'를 의미하지요.

정할 정

부수 宀 | 총 8획

한자 따라 쓰기 **1** 순서에 맞게 다음 한자를 써 보세요.

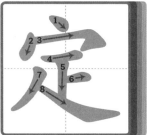

定 定 定 定 定 定 定 定

定	定					

한자 구별하기 **2** 다음 중 '정할 정'을 찾아 동그라미를 치세요.

足 是 疋 定 完 宗

3 각 질문을 읽고 알맞은 한자를 써넣어 단어를 완성해 보세요.

✔ 무엇을 어떻게 하기로 분명하게 정하는 것을 이르는 말은?

결	

✔ 상품에 일정한 값을 정한 것을 이르는 말은?

	가

✔ 한 곳을 정해서 움직이지 않게 하는 것 또는 한 번 정한 대로 변경하지 않음을 뜻하는 말은?

고	

✔ 판단하여 결정하는 것을 이르는 말은?

판	

4 각 뜻풀이를 읽고 알맞은 단어를 찾아 바르게 연결해 보세요.

일을 어떻게 하기로
굳게 **결정함** 또는 그런 **결정**   •   • 규**定**

딱 잘라서 판단하거나 **결정함**   •   • 단**定**

규칙으로 **정함** 또는 그 조항   •   • 작**定**

확실하게 **정함**   •   • 인**定**

어떤 것의 크기, 모양, 시간 등이
하나로 **정해져** 있음   •   • 일**定**

옳다고 믿고 **정하는** 일,
확실히 그렇다고 여김   •   • 확**定**

5 다음 글을 읽고 '정할 정'이 들어간 우리말에 동그라미를 치세요.

이번 레슬링 경기는 우리 쪽이 우세하다고 단정할 수 없었다. 일본 선수는 반드시 이기겠다고 작정하고 나온 듯했다. 승패를 결정하기 힘든 박빙의 승부가 펼쳐졌다. 둘 다 규정을 잘 지키며 정정당당하게 겨뤘다. 경기가 종료되자 양 선수는 심판의 판정을 기다렸다. 드디어 우승자가 확정되는 순간이다. 이번 경기는 세계 챔피언으로 인정받을 수 있는 절호의 기회였다.

QUIZ 다음 중 '정할 정'이 쓰이지 않은 단어를 찾아 동그라미를 치세요.

고정	확정	일정	인정	정가	과정

오늘 배울 국어 **속** 한자

과목 **과**

부수 禾 | 총 9획

科는 주로 '과목', '분야', '학과'를 뜻하며, 이외에 '죄', '형벌'이라는 의미도 지닙니다.

작자가 알려지지 않은 고전 소설인 〈춘향전〉에는 '과거'에 급제하여 암행어사가 된 이몽룡이 백성을 괴롭히는 변학도를 응징하는 통쾌한 장면이 나옵니다. '과거'는 '과거 제도'의 준말로, 나라에서 일할 관리를 뽑을 때 시행하던 국가 시험이랍니다. 여기서 '科'는 문과, 무과, 잡과 등 시험 과목에 따라 관리를 등용한다는 의미를 나타내지요.

한자 따라 쓰기 **1** 순서에 맞게 다음 한자를 써 보세요.

科 科 科 科 科 科 科 科 科

科	科							

한자 구별하기 **2** 다음 중 '과목 과'를 찾아 동그라미를 치세요.

料　秤　科　科　秆　料

✔ 학교에서 교과 과정에 따라 가르치려고 만든 책을 뜻하는 말은?

교		서

✔ 물리학, 화학, 수학, 의학 등 자연계의 원리나 현상을 연구하는 학문 과목을 이르는 말은?

이	

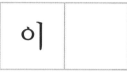

✔ 문학, 철학, 인문학 등 인간과 사회를 연구하는 학문을 연구하는 과목을 뜻하는 말은?

문	

✔ 과학을 전문적으로 배우고 연구하는 사람, 과학을 전공하는 학생을 이르는 말은?

	학	도

한자 연결하기 4 각 뜻풀이를 읽고 알맞은 단어를 찾아 바르게 연결해 보세요.

대학에서 공업에 관한 것을 체계적으로 연구하는 **학과** •

• 학科

대학에서 학문의 방법이나 이론 **분야**에 따라 나눈 교육 단위 •

• 외科

몸 외부의 상처나 내장 기관의 질병을 수술 등으로 치료하는 의학 **분야** •

• 공科

공부할 지식 **분야**를 갈라놓은 것 •

• 전科자

치아를 전문으로 연구하는 의학 **분야**, 치과 의사가 치료를 하는 **과목** •

• 科목

이전에 죄를 지어 **형벌**을 받은 전력이 있는 사람 •

• 치科

국어 속 한자 찾기 5 다음 글을 읽고 '과목 과'가 들어간 우리말에 동그라미를 치세요.

유미가 제일 좋아하는 과목은 과학이다. 과학 교과서를 얼마나 자주 읽었는지 손때가 묻어 너덜너덜 하다. 이번 여름 방학 과제도 흥미에 맞게 과학탐구 보고서를 준비 중이다. 유미는 나중에 공과 대학 에 진학해 과학도가 되는 것이 꿈이다. 그래서 고등학생이 되면 이과를 선택할 계획이다.

QUIZ 다음 중 '과목 과'가 쓰이지 않은 단어를 찾아 동그라미를 치세요.

문과	과외	전과자	외과	과목	학과

오늘 배울 국어 **속** 한자

目은 주로 '눈'을 뜻하며, 이외에 '어떤 것을 이루려는 마음', 또는 어떤 것을 분별, 분류하는 '안목', '항목', '목록'이라는 의미도 지닙니다.

'目적'에는 왜 目이 쓰였을까요? 目은 '눈'을 뜻하고 '적(的)'은 '과녁'을 가리킵니다. 활을 쏠 때 눈으로 과녁을 똑바로 바라보듯 이루고자 하는 일을 눈앞에 뚜렷하게 그려본다는 의미를 담고 있지요.

'항目'은 '분류하여 정리한 낱낱의 사항'을, '目록'은 '어떤 내용을 한눈에 볼 수 있도록 일정한 차례대로 기록한 것'을 뜻합니다.

目

눈 목

부수 目 | 총 5획

한자 따라 쓰기 *1* 순서에 맞게 다음 한자를 써 보세요.

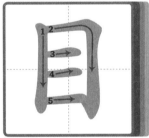

目 目 目 目 目

目	目					

한자 구별하기 *2* 다음 중 '눈 목'을 찾아 동그라미를 치세요.

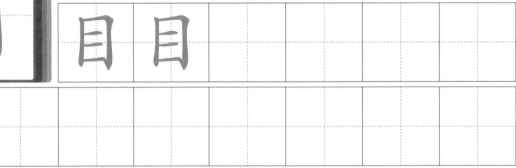

自　　　　　　　　　　　　　　　　目　　　曰　　　目　　　且

✔ 어떤 기준에 따라 조목조목 나누어 분류해놓은 것을 뜻하는 말은?

항	

✔ 어떤 일이나 일이 벌어진 현장을 눈으로 직접 본 것을 이르는 말은?

	격

✔ 눈짓으로 가볍게 하는 인사를 이르는 말은?

	례

✔ 이루고 싶은 것 또는 이루려고 마음속에 품은 생각을 뜻하는 말은?

	표

한자 연결하기 4 각 뜻풀이를 읽고 알맞은 단어를 찾아 바르게 연결해 보세요.

어떤 것의 이름이나 제목 등을 일정한 순서로 **분류**하여 적은 것 • 　• 目적

사람이 추구하고 실천해야 할 가치 **항목** • 　• 目록

어떤 것을 이루려고 하는 생각이나 어떤 일을 하는 까닭 • 　• 덕目

귀와 **눈**, 남들의 주의나 관심 • 　• 주目

조심하고 경계하는 **눈**으로 살핌, 관심을 가지고 주의 깊게 봄 • 　• 안目

쓸모 있거나 중요한 것을 **분별**할 수 있는 능력 • 　• 이目

국어 속 한자 찾기 5 다음 글을 읽고 '눈 목'이 들어간 우리말에 동그라미를 치세요.

영화감독이 되고 싶은 현지는 목표 달성을 위해 해야 할 일을 몇 가지 항목으로 정리했다. 우선 영화 감독의 덕목 중 1순위는 영화를 보는 안목을 넓히는 것이다. 현지는 실천 목록 맨 위에 '매일 한 편씩 영화 보기'라고 적었다. 현지는 한국 영화에 전 세계의 이목을 집중시킨 봉준호 감독처럼 언젠가 영화계에서 주목 받는 감독으로 성장하는 모습을 머릿속에 그려 보았다.

QUIZ 다음 중 '눈 목'이 쓰이지 않은 단어를 찾아 동그라미를 치세요.

목적	목격	항목	안목	목례	목석

오늘 배울 국어 **속** 한자

제목 제

부수 頁 | 총 18획

題는 '제목'을 뜻하지만 '문제', '이름'이라는 의미도 지닙니다.

'문제'의 題는 본래 '이마(앞머리)'를 뜻하지만 '이마처럼 앞에 내놓은 것', 즉 '얼굴 정면'을 뜻하기도 합니다. 따라서 '문題'는 '물음을 앞에 내놓다', 다시 말해 '앞에 내놓고 해결해야 할 일'이라는 의미를 나타내지요. '題목', '주題'에서 題가 쓰인 이유도 이와 비슷합니다. 사람의 얼굴을 보면 그 사람이 누구인지 알 수 있듯 글도 맨 앞에 나와 있는 '題목'을 보면 내용을 짐작할 수 있기 때문이지요.

한자 따라 쓰기 **1** 순서에 맞게 다음 한자를 써 보세요.

題 題 題 題 題 題 題 題 題 題 題 題 題 題
題 題 題 題

題	題					

한자 구별하기 **2** 다음 중 '제목 제'를 찾아 동그라미를 치세요.

趩　顕　顯　顆　顥　題

✔ 답을 요구하는 물음이나 해결하기 어려운 일을 뜻하는 말은?

✔ 시험 문제를 내는 것을 이르는 말은?

✔ 학생들에게 복습이나 예습을 위하여 수업 후 집에서 풀어오게 하는 문제를 이르는 말은?

✔ 이야기를 나눌 때 그 대상이 되는 소재나 이야기의 제목을 뜻하는 말은?

한자 연결하기 **4** 각 뜻풀이를 읽고 알맞은 단어를 찾아 바르게 연결해 보세요.

제목이 없음, 제목을 정하기 어려운 경우에 붙이는 **제목**   •

•   가**題**

진짜 제목을 만들기 전에 임시로 만든 **제목**   •

•   주**題**

주가 되는 **제목**, 나타내고자 하는 중심이 되는 **문제**나 생각   •

•   무**題**

글이나 영화, 공연 등에서 중심이 되는 내용을 나타내기 위해 붙이는 **이름**   •

•   과**題**

맡겨진 일이나 해결해야 할 **문제**   •

•   부**題**

제목에 덧붙어 부족한 것을 보태어 설명하는 작은 **제목**   •

•   **題**목

국어 속 한자 찾기 **5** 다음 글을 읽고 '제목 제'가 들어간 우리말에 동그라미를 치세요.

어제는 선생님께서 추천해 주신 〈아버지의 국밥〉을 읽었다. 처음엔 제목만 보고 국밥집을 운영하는 아버지 이야기인줄로만 알았다. 막상 읽어보니 한국전쟁을 배경으로 한 감동적인 가족 이야기였다. 겨울방학 독후감 숙제를 이 책으로 쓰면 어떨까 싶었다. 먼저 '국밥 제사에 담긴 사연'이라고 가제를 붙인 다음, '따뜻한 가족 이야기'라는 부제를 달아 줄거리를 짜 보았다.

QUIZ   다음 중 '제목 제'가 쓰이지 않은 단어를 찾아 동그라미를 치세요.

무**제**   **제**출   과**제**   부**제**   출**제**   화**제**

오늘 배울 국어 **속** 한자

따뜻할 온

부수 氵(水) | 총 13획

溫은 '따뜻하다', '온화하다', '온도'를 뜻합니다.

'溫유하다', '溫화하다', '溫순하다'는 모두 사람의 성격이나 성품을 나타내는 말로, '溫유'는 '따뜻하고 부드러움'을, '溫화'는 '부드럽고 인자함'을, '溫순'은 '착하고 순함'을 의미합니다. 이 중 '溫화'는 맑고 따뜻하며 부드럽게 바람이 부는 날씨를 나타낼 때도 쓰인답니다.

한자 따라 쓰기 1 순서에 맞게 다음 한자를 써 보세요.

溫溫溫溫溫溫溫溫溫溫溫溫溫

溫	溫				

한자 구별하기 2 다음 중 '따뜻할 온'을 찾아 동그라미를 치세요.

濫　慍　溢　熅　溫　湿

✔ 높은 온도를 뜻하는 말은?

고	

✔ 땅에서 솟아나는 따뜻한 지하수로 목욕도 할 수 있는 곳을 뜻하는 말은?

	천

✔ 따뜻한 물을 이르는 말은?

	수

✔ 대기 중 이산화탄소의 양이 늘면서 점차 따뜻해져 지구의 기온이 높아지는 것을 뜻하는 말은?

	난	화

처음 담을 때의 **온도**가 시간이 지난 후에도 거의 일정하게 유지하도록 만들어진 병 • • 기溫

공기의 **온도** • • 溫돌

방바닥 전체를 **따뜻하게** 하는 우리나라에서 발달한 난방 장치 • • 보溫병

물의 **온도** • • 수溫

온도, 습도 등을 조절하는 장치를 한 구조물 • • 溫정

따뜻한 사랑이나 남에게 베푸는 마음 • • 溫실

지구 온난화가 가속화되고 있다. 이런 전 지구적 기온 상승 현상은 화석 연료 소비와 공장식 축산으로 배출되는 이산화탄소가 만들어 낸 온실 효과의 결과다. 온난화 현상은 바닷물의 수온을 상승시키고 극지방의 얼음을 녹게 해 해양 생태계도 빠르게 변화시키고 있다. 겨울철 기온이 평년보다 높은 이상 고온 현상과 이상 한파도 온난화가 일으킨 기후 변화다.

QUIZ 다음 중 '따뜻할 온'이 쓰이지 않은 단어를 찾아 동그라미를 치세요.

평온감　온수　기온　보온병　온정　온천

 오늘 배울 **국어 속 한자**

消는 '사라지다', '없애다'를 뜻하며, 이외에 '소식'이라는 의미도 지닙니다.

'消화'에서 '화'가 '불 화(火)'이면 '불을 끄다'를 뜻하고, '될 화(化)'이면 '사라지게 되다', 즉 '음식물이 분해되어 사라짐'을 뜻합니다. 섭취한 음식물의 영양분을 몸이 흡수하기 쉬운 형태로 분해하는 과정을 '消화'라고 하지요.

'消식'의 '쉴 식(息)'은 '번식하다', '불어나고 퍼지다'를 뜻하므로 '消식'을 그대로 풀이하면 '사라지고 불어나는 것', 즉 만물이 끊임없이 생성하고 소멸하는 변화를 의미합니다. 이 의미가 확대돼 지금은 주로 '멀리 떨어진 사람의 안부나 근황을 알리는 것'이라는 뜻으로 쓰이지요.

사라질 소

부수 氵(水) | 총 10획

한자 따라 쓰기 **1** 순서에 맞게 다음 한자를 써 보세요.

消 消 消 消 消 消 消 消 消 消

消	消				

한자 구별하기 **2** 다음 중 '사라질 소'를 찾아 동그라미를 치세요.

肖　捎　俏　消　悄　泊

✔ 필요한 물건을 구입하기 위해 돈을 써서 없애는 것을 뜻하는 말은?

	비

✔ 병에 걸리는 것을 막기 위해 병원균을 죽이는 것을 이르는 말은?

	독

✔ 소화가 잘 되도록 돕기 위해 먹는 약을 이르는 말은?

	화	제

✔ 불이 났을 때 화재를 진압하고 사람을 구하는 일을 담당하는 공무원을 이르는 말은?

	방	관

한자 연결하기 **4** 각 뜻풀이를 읽고 알맞은 단어를 찾아 바르게 연결해 보세요.

써서 닳아 **없어지거나**
못쓰게 되는 물건 • • 消등

어려운 일 또는 문제를
해결하여 **없앰** • • 消모품

빛을 **없앰**,
건물이나 방에 등불 끔 • • 해消

사라져 없어짐 • • 취消

어떤 계획이나 일정,
말한 것을 **없애** 버림 • • 消멸

물건을 사거나 써서 **없애는** 사람 • • 消비자

국어 ⇌ 한자 찾기 **5** 다음 글을 읽고 '사라질 소'가 들어간 우리말에 동그라미를 치세요.

소방관으로 근무하시는 아빠가 뜻밖의 부상을 당하셨다. 심각한 부상은 아니지만 의사는 오랫동안 쌓여 있던 피로를 해소하는 시간도 가질 겸 당분간 휴식과 안정을 취하라고 하셨다. 엄마는 가계 수입이 줄어들었으니 소비를 줄이자고 말씀하셨다. 우리 가족은 각종 통신 요금과 전기, 가스, 수도를 절약하고, 소모품은 꼭 필요한 것이 아니면 사지 않았다. 오랫동안 계획했던 가족 여행도 취소했다.

QUIZ 다음 중 '사라질 소'가 쓰이지 않은 단어를 찾아 동그라미를 치세요.

소멸	소리	해소	소비자	소등	소식

1 〈보기〉에서 각 빈칸에 알맞은 한자와 뜻을 찾아 써 보세요.

보기 圖 | 度 | 消 | 油 | 溫 | 頭 | 球 | 科 | 意 | 題
정할 정 | 돌 석 | 많을 다 | 모양 형 | 글 장 | 부을 주 | 뿔 각 | 다행 행 | 향할 향 | 눈 목

	形	角	章			多	幸		
그림 **도**			법도**도** 헤아릴**탁**	공 **구**				머리 **두**	뜻 **의**

向	注		石	定		目			
	기름 **유**			과목 **과**		제목 **제**	따뜻할 **온**	사라질 **소**	

2 각 한자의 틀린 부분을 찾아 바르게 고쳐 써 보세요.

圖	形	角	章	度	球	夕	辛	頭	意
그림 **도**	모양 **형**	뿔 **각**	글 **장**	법도**도** 헤아릴**탁**	공 **구**	많을 **다**	다행 **행**	머리 **두**	뜻 **의**

向	注	油	右	疋	科	日	題	溫	肖
향할 **향**	부을 **주**	기름 **유**	돌 **석**	정할 **정**	과목 **과**	눈 **목**	제목 **제**	따뜻할 **온**	사라질 **소**

3 각 빈칸에 알맞은 한자와 뜻을 써 보세요.

圖			度	球		頭	意
	모양 형	뿔 각	글 장		많을 다	다행 행	

	油		科	題	溫	消
향할 향	부을 주		돌 석	정할 정		눈 목

[4~5] 다음 글을 읽고 문제에 답하세요.

수학 시간에 배운 **❶ 도형**을 생각해보자. 삼각형의 안쪽에는 각이 세 개 있고, 이 세 각의 **❷ 각도**를 모두 더하면 180도가 된다. 사람들은 2,000년 이상 이것을 수학적 진리라고 믿어왔다. 그러나 **❸ 주의** 깊은 몇몇 수학자들은 삼각형 내각의 합이 180도인 것은 그것이 '평평한 면 위에 있을 때'에만 해당한다는 사실에 **❹ 주목**했다. **㉠ 머릿**속으로 생각해보자. 만약에 커다란 **㉡ 공**의 표면에 삼각형을 그린 뒤에 그 내각을 재면 어떻게 될까? 그 합은 분명 180도보다 클 것이다. 그럼 커다란 공 안쪽 면에 삼각형을 그리면? 이번엔 180도보다 작을 것이다. 수학적 진리라는 것도 이렇게 언제나 참인 것은 아니다. **㉢ 정해진** 것을 그대로 믿지 않고 의심해보는 데서 과학적 사고는 발전해왔다.

4 다음 중 ❶ ~ ❹의 우리말 소리에 해당하는 한자를 써보세요.

❶ _____   ❷ _____   ❸ _____   ❹ _____

5 다음 중 ㉠ – ㉡ – ㉢의 의미를 나타내는 한자를 골라 보세요.

① 頭 - 球 - 幸   ② 頭 - 球 - 定   ③ 科 - 球 - 油   ④ 頭 - 多 - 定

오늘 배울 **국어 속** 한자

구분할 **구**

부수 匸 | 총 11획

區는 주로 '구분하다', '구별하다', '나누다'를 뜻하며, 이외에 행정 구역 단위인 '구', '구역'이라는 의미도 지닙니다.

'區분'과 '區별'은 음과 뜻이 비슷해 헷갈릴 때가 많습니다. '區분'의 '분(分)'은 '나누다'를 의하므로 어떤 기준에 따라 갈라 나눈다는 의미가 강한 반면, '區별'의 '별(別)'은 '다르다'를 뜻하므로 둘 이상의 대상에서 나타나는 차이를 강조하거나 그 차이에 따라 나눈다는 의미가 강하다는 차이가 있지요.

한자 따라 쓰기 **1** 순서에 맞게 다음 한자를 써 보세요.

區 區 區 區 區 區 區 區 區 區 區

區	區									

한자 구별하기 **2** 다음 중 '구분할 구'를 찾아 동그라미를 치세요.

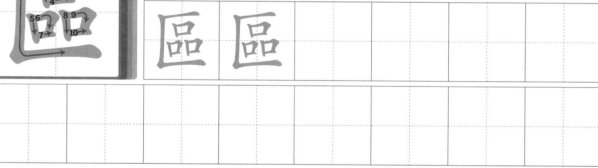

品　晶　歐　毆　區　副

✔ 행정 구역의 하나인 구(區)에 사는 사람을 이르는 말은?

| | 민 |  |

✔ 구민들이 편의를 돕기 위해 구(區)의 행정 사무를 맡아 보는 관청을 뜻하는 말은?

| | 청 | |

✔ 따로따로 갈라 나눔, 일정한 기준으로 전체를 몇 개로 갈라 나눔을 뜻하는 말은?

| | 분 | |

✔ 어떤 지점과 다른 지점의 사이를 이르는 말은?

| | 간 | A ⋯ B |

구청에서 가장 높은 지위에 있는 사람 ●   ● 區별

성질이나 종류의 차이가 남 또는 그에 따라 갈라 **나눔** ●   ● 특區

경제, 교육, 관광, 의료 등 특별한 목적을 가지고 설치한 **구역** ●   ● 區청장

구에서 직접 세워 관리하는 시설이나 단체 ●   ● 區내

일정한 기준에 따라 **구분하여** 갈라놓은 지역 ●   ● 區립

일정한 **구역**의 안 ●   ● 區역

새로 취임한 구청장은 구민, 특히 어린이의 문화 활동에 관심이 많다. 구청장이 취임한 후 어린이가 편리하고 저렴하게 이용할 수 있는 구립 어린이 도서관도 새롭게 개관했다. 이 도서관은 어린이들의 동선을 고려해 실내 공간을 나누고, 도서 성격에 따라 서가도 효과적으로 구분해 놓았다. 주변 1km 구간에는 산책로를 만들어 어린이들이 부모님과 함께 산책도 즐길 수 있다.

QUIZ 다음 중 '구분할 구'가 쓰이지 않은 단어를 찾아 동그라미를 치세요.

| 구별 | 구청 | 구분 | 특구 | 구경 | 구역 |

오늘 배울 국어 속 한자

나눌 **분**

부수 刀 | 총 4획

分은 주로 '나누다'를 뜻하면서 '성분', '(나눈) 몫'이라는 의미도 지닙니다.

'分수'는 '수를 나눈다'라는 뜻으로, 전체에 대한 부분을 나타내는 수를 말합니다. 즉 전체를 몇 개의 똑같은 부분으로 등분했을 때 그 중 일부를 나타내지요. 전체가 몇 등분인지를 나타내는 수를 '分모'라고 하고 등분한 것 중 일부를 나타내는 수를 '分자'라고 합니다.

한자 따라 쓰기 1 순서에 맞게 다음 한자를 써 보세요.

分 分 分 分

分	分				

한자 구별하기 2 다음 중 '나눌 분'을 찾아 동그라미를 치세요.

刀　分　今　令　介　另

✔ 화합물, 혼합물, 문장 등 어떤 바탕을 이루고 있는 것의 한 부분을 이르는 말은?

성	

✔ 서로 나뉘어서 떨어지거나 떨어지게 하는 것 또는 갈라서 떼어놓는 것을 이르는 말은?

	리

✔ 여러 부분이 결합되어 이루어진 것을 하나하나 나누는 것을 뜻하는 말은?

	해

✔ 복잡한 것을 잘 이해하도록 단순한 요소로 나누어 논리적으로 설명하는 것을 이르는 말은?

	석

한자 연결하기 4 각 뜻풀이를 읽고 알맞은 단어를 찾아 바르게 연결해 보세요.

일정한 기준에 따라
전체를 몇 개로 갈라 **나눔** • • 구**分**

바닷물 등에 들어있는 소금 **성분** • • **分**단

하나였던 것이 **나뉘어** 갈라짐,
한 학급을 작은 단위로 **나눔** • • 염**分**

일이나 책임 등을 **나누어** 맡음 • • 충**分**

낱낱이 **나누어** 셀 수 있는
물건들의 많고 적은 정도
또는 부피의 크고 작은 정도 • • **分**담

모자람 없이 넉넉함,
(나눈) **몫이** 넉넉함 • • **分**량

국어 ⇨ 한자 찾기 5 다음 글을 읽고 '나눌 분'이 들어간 우리말에 동그라미를 치세요.

오늘은 같은 반 친구들과 병원에서 배식 봉사 활동을 했다. 배식 담당과 수거 담당으로 역할을 분담한 후 봉사를 시작했다. 300명 분량의 환자식은 일반식과 치료식으로 구분돼 있었다. 두 식단 모두 환자의 상태와 질병을 분석해 영양소를 충분히 섭취할 수 있도록 짜여있긴 하지만, 항암치료식, 당뇨식 등의 치료식은 의사의 처방에 따라 질환의 특성에 맞게 보다 엄격하게 조절된 식사였다.

QUIZ 다음 중 '나눌 분'이 쓰이지 않은 단어를 찾아 동그라미를 치세요.

분석	분해	분단	분리	분노	성분

 오늘 배울 국어 속 한자

明은 주로 '밝다', '빛', '밝히다'를 뜻하며, 이 의미가 확대 돼 '명확하다', '확실하다'라는 뜻으로도 쓰입니다.

사물이 어두운 곳에 있으면 보이지 않지만 빛을 비춰 밝히면 잘 보이지요? 밝은 곳에서 모습이 더 잘 드러나는 것처럼 明은 '보이지 않던 것이 보이다, 없던 것이 눈앞에 나타나다'를 뜻하기도 합니다. 그래서 '지금까지 없던 것을 새로 만들어 내는 일'을 뜻하는 '발明'에도 明이 쓰인 것이지요.

밝을 명

부수 日 | 총 8획

한자 따라 쓰기 **1** 순서에 맞게 다음 한자를 써 보세요.

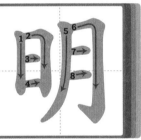

明 明 明 明 明 明 明 明

明	明					

한자 구별하기 **2** 다음 중 '밝을 명'을 찾아 동그라미를 치세요.

阴　朋　玥　咀　明　旫

✔ 상대가 확실히 알고 이해할 수 있도록 자세하게 말하는 것을 뜻하는 말은?

설	

✔ 빛이 그대로 통과하여 속이 훤하게 모두 비치는 것을 이르는 말은?

투	

✔ 빛의 방향과 거리에 따라 나타나는 밝음과 어두움 또는 기쁨과 슬픔, 행복과 불행을 비유적으로 이르는 말은?

	암

✔ 빛으로 밝게 비추는 일이나 어떤 대상을 일정한 관점으로 살펴보는 것을 이르는 말은?

조	

한자 연결하기 **4** 각 뜻풀이를 읽고 알맞은 단어를 찾아 바르게 연결해 보세요.

귀와 눈이 **밝음**, 영리하고 기억력이 뛰어나며 재주가 많음 • • 해**明**

뚜렷하고 **명확함** • • **明**료

이유나 내용을 풀어서 **밝힘** • • 총**明**

잘못이나 실수에 대해 핑계를 대며 말함, 옳고 그름을 가려 일의 도리를 **밝힘** • • 변**明**

구분이 **명확함**, 틀림없이 **확실함** • • **明**도

색의 **밝고** 어두운 정도 • • 분**明**

국어 속 한자 찾기 **5** 다음 글을 읽고 '밝을 명'이 들어간 우리말에 동그라미를 치세요.

오늘 미술 선생님이 구형을 입체적으로 그리는 방법을 설명해 주셨다. 조명의 빛이 직접 닿는 부분이 가장 밝고 그렇지 않은 부분이 가장 어둡기 때문에 빛에 따라 변화하는 명암의 단계를 분명하게 표현해야 좀 더 입체적인 느낌을 살릴 수 있다고 말씀하셨다. 그러면서 가장 밝은 부분에서 가장 어두운 부분으로 이동할 때는 명도를 낮춰 가며 서서히 어둡게 그리고, 구형이 바닥과 맞닿는 곳은 빛이 반사되기 때문에 조금 밝게 그려야 한다고 덧붙이셨다.

QUIZ 다음 중 '밝을 명'이 쓰이지 않은 단어를 찾아 동그라미를 치세요.

총명	운명	변명	투명	해명	명암

 오늘 배울 **국어 속 한자**

들 야

부수 里 | 총 11획

野는 주로 '들', '들판'을 뜻하지만 '야생의', '길들지 않은', '성 밖', '교외', '범위'라는 뜻으로도 쓰입니다.

'野생'은 '산이나 들에서 저절로 자람'이라는 의미로, 여기서 산과 들은 사람의 손길이 닿지 않은 곳을 말합니다. 흔히 '문명'의 반대말로 쓰이지요.

'문명 수준이 미개함'을 뜻하는 '野만'의 '野'는 '길들지 않은'을 뜻하고, 정권을 잡아 정부를 구성하는 '여당'의 반대말인 '野당'의 野는 '성 밖의', 즉 '들판'에 있는 정당을 가리킵니다.

한자 따라 쓰기 **1** 순서에 맞게 다음 한자를 써 보세요.

野 野 野 野 野 野 野 野 野 野 野

野	野					

한자 구별하기 **2** 다음 중 '들 야'를 찾아 동그라미를 치세요.

腥　　墅　　野　　嘢　　蛹　　郢

---

3 각 질문을 읽고 알맞은 한자를 써넣어 단어를 완성해 보세요.

✔ 들에서 나는 나물, 당근, 무, 배추, 파 같은 온갖 나물을 이르는 말은?

	채

✔ 도시에서 조금 떨어져 있는 들판 또는 집이나 건물의 밖을 뜻하는 말은?

	외

✔ 깊은 산이나 들에서 자라서 길들지 않은 사나운 동물을 이르는 말은?

	수

✔ 휴양이나 훈련을 위해 야외에서 천막을 치고 잠시 생활하는 것을 이르는 말은?

	영

4 각 뜻풀이를 읽고 알맞은 단어를 찾아 바르게 연결해 보세요.

들이나 **교외**로 나가서 노는 모임 • • 황**野**

버려진 채 돌보지 않아서 거칠게 된 **들판** • • **野**생화

산이나 **들**에 저절로 피는 꽃 • • **野**유회

눈으로 볼 수 있는 **범위** • • 분**野**

들 가까이에 있는 비교적 낮은 산 • • 시**野**

원리나 순서로 나누어진 **범위**나 부분 • • **野**산

5 다음 글을 읽고 '들 야'가 들어간 우리말에 동그라미를 치세요.

오늘은 야외 수업이 있는 날이다. 우리 반은 지난달부터 매주 한 번씩 학교 뒤 야산에서 야생 식물을 관찰하고 탐구일지를 쓰는 수업을 하고 있다. 몇 년 전까지는 여기서 야영도 했다고 한다. 동네 사람들이 삼삼오오 야유회를 즐기는 풍경도 종종 눈에 띈다. 요즘은 야외 수업이 기다려진다. 야트막한 산이지만 동네가 한눈에 내려다보일 만큼 시야가 확 트여 기분이 상쾌해지기 때문이다.

QUIZ 다음 중 '들 야'가 쓰이지 않은 단어를 찾아 동그라미를 치세요.

야수	야유회	야간	분야	황야	야생화

 오늘 배울 **국어 속 한자**

맑을 청

부수 氵(水) ㅣ 총 11획

淸은 주로 '맑다'를 뜻하며, 이외에 '깨끗하다', '욕심이 없다'라는 뜻으로도 쓰입니다.

淸은 본래 '물이 맑고 깨끗함'을 뜻하지만 비유적인 표현으로 더 자주 쓰입니다. 욕심이 없고 마음이 깨끗함을 뜻하는 '淸정', 인품이 선량함을 뜻하는 '淸량', 높은 도덕성을 지키며 탐욕을 부리지 않는 마음을 뜻하는 '淸렴', 가난하게 살며 욕심을 부리지 않는 마음을 뜻하는 '淸빈'은 모두 사람의 성품이나 행실을 맑고 깨끗한 물에 비유한 표현이지요.

한자 따라 쓰기 **1** 순서에 맞게 다음 한자를 써 보세요.

清 清 清 清 清 清 清 清 清 清 清

清	清					

한자 구별하기 **2** 다음 중 '맑을 청'을 찾아 동그라미를 치세요.

清　清　潰　晴　請　靖

3 각 질문을 읽고 알맞은 한자를 써넣어 단어를 완성해 보세요.

✔ 더럽거나 어지러운 것을 쓸고 닦아서 깨끗하게 하는 것을 뜻하는 말은?

	소

✔ 맑고 깨끗한 상태를 뜻하는 말은?

	결

✔ 이십사절기의 하나이면서 날씨가 맑고 밝음을 뜻하는 말은?

	명

✔ 맛이 산뜻하고 시원하여 먹으면 기분이 상쾌해지는 약으로 은단, 드링크제 따위를 이르는 말은?

	량	제

한자 연결하기 **4** 각 뜻풀이를 읽고 알맞은 단어를 찾아 바르게 연결해 보세요.

맑고 깨끗함, **맑고** 깨끗하게 함 •   • 淸렴

티가 섞이지 않고 **맑고** 아름다움 •   • 淸아

마음이 깨끗하고
재물 **욕심이 없음** •   • 淸정

깨끗하고 순수함 •   • 淸순

사람의 됨됨이가 바르고
깨끗하며 재물에 대한
욕심이 없어 가난함 •   • 淸산

과거의 좋지 않았던 일들을
깨끗이 해결함 •   • 淸빈

국어 ➡ 한자 찾기 **5** 다음 글을 읽고 '맑을 청'이 들어간 우리말에 동그라미를 치세요.

우리 엄마는 시청에서 근무하신다. 그곳에서 '청렴공무원상'을 3번이나 수상하실 정도로 청빈한 공직 생활을 하고 계신다. 청정한 마음은 청결한 환경에서 나온다는 엄마의 신조에 따라 우리 가족은 집안 청소도 자주 한다. 집안을 정리하고 나면 마음까지 깨끗해지는 기분이 들어 일주일에 한 번씩 하는 대청소가 청량제처럼 느껴진다.

QUIZ 다음 중 '맑을 청'이 쓰이지 않은 단어를 찾아 동그라미를 치세요.

청춘	청량제	청산	청아	청순	청명

 오늘 배울 국어 **속** 한자

꽃부리 **영**

부수 ⁺⁺(艸) | 총 9획

英의 훈(뜻)인 '꽃부리'는 꽃에서 가장 아름다운 '꽃잎 전체'를 뜻합니다. 하지만 英이 들어간 단어의 의미는 '꽃'과 관련이 없고 주로 '뛰어나다, 영특하다', '명예', '영어', '영국'을 의미하지요.

그럼 '英어'는 '뛰어난 언어', '英국'은 '뛰어난 나라'를 뜻할까요? '英어', '英국'의 英은 '영국'을 뜻하는 England의 발음 '잉글랜드'에서 '잉'을 따와 한자로 나타낸 것입니다. 뜻과는 상관없이 그저 소리만 가져와 붙인 것이지요.

한자 따라 쓰기 1 순서에 맞게 다음 한자를 써 보세요.

英 英 英 英 英 英 英 英 英

英	英				

한자 구별하기 2 다음 중 '꽃부리 영'을 찾아 동그라미를 치세요.

英　莢　草　莫　萆　芙

3 각 질문을 읽고 알맞은 한자를 써넣어 단어를 완성해 보세요.

✔ 유럽 북서쪽 끝에 있는 섬나라로 런던이 수도인 나라는?

　국　

✔ 미국과 영국에서 쓰는 언어로 세계 여러 나라에서 많이 사용하여 국제어로서 역할을 하는 언어는?

　어　

✔ 영국과 미국을 아울러 이르는 말은?

　미　

✔ 지혜와 재능이 뛰어나고 용감하여 보통 사람이 할 수 없는 일을 해내는 사람을 이르는 말은?

　웅　

한자 연결하기 4 각 뜻풀이를 읽고 알맞은 단어를 찾아 바르게 연결해 보세요.

천재처럼 **뛰어난** 재능이 있는 사람　•　　•　英특

영광스러운 **명예**　•　　•　英예

보통 사람과 다르게 매우 **뛰어나고** 훌륭함　•　　•　英재

영어로 쓰인 시　•　　•　英문

매우 **영특하고** 민첩함　•　　•　英민

영어로 쓴 글　•　　•　英시

국어 ⬆ 한자 찾기 5 다음 글을 읽고 '꽃부리 영'이 들어간 우리말에 동그라미를 치세요.

시골에서 사교육을 받지 않고 자란 호준이는 영특하기로 소문난 영어 영재다. 영민하고 총명해 어려서부터 신동 소리를 들었다. 각종 영어경시대회에 참가해 영예의 대상도 여러 차례 수상했다. 그 노력이 결실을 맺어 이번에 지역 재단 장학생으로 선발돼 영어의 본고장인 영국으로 유학을 떠날 계획이라고 한다.

QUIZ

다음 중 '꽃부리 영'이 쓰이지 않은 단어를 찾아 동그라미를 치세요.

영문　　영민　　영시　　영상　　영웅　　영재

오늘 배울 **국어 속 한자**

特은 '특별하다', '특별히', '다르다'를 뜻합니다.

'特별, 特수, 特이'의 기본 의미는 모두 '보통과 다름'을 나타냅니다. '보통이 아니다'라는 관용구에서처럼 '보통과 다름'은 '평범하지 않고 뛰어남'을 의미한답니다. '보통과 다름'을 뜻하는 特 뒤에 '다름'을 의미하는 'ㅡ별, ㅡ수, ㅡ이'가 한 번 더 쓰인 게 '特'이하지요? 이렇게 같은 뜻의 한자를 겹쳐 쓰면 의미를 한층 더 강조할 수 있습니다.

특별할 **특**

부수 牛 | 총 10획

한자 따라 쓰기 1 순서에 맞게 다음 한자를 써 보세요.

特 特 特 特 特 特 特 特 特 特

特 特

한자 구별하기 2 다음 중 '특별할 특'을 찾아 동그라미를 치세요.

秲　峕　恃　待　時　特

✔ 발명을 한 사람의 권리를 보호해주는 것, 특별히 허락함을
  이르는 말은?

	허

✔ 새로운 소식 등을 특별히 보도하는 것 또는 그런 보도를
  뜻하는 말은?

	보

✔ 일정한 기간에 한정되어 특별히 열리는 강의를 뜻하는 말은?

	강

✔ 어떤 목적을 가지고 한 행위에 의하여 나타나는 특별히 좋은
  효과를 뜻하는 말은?

	효

한자 연결하기 **4** 각 뜻풀이를 읽고 알맞은 단어를 찾아 바르게 연결해 보세요.

특별히 뛰어남 • • **特**기

남들과 다른 나만의
특별한 기술이나 재능 • • **特**출

다른 것에 비해
특별히 눈에 뜨이는 점 • • **特**징

말 또는 행동하는 것이 뛰어나고
특별하여 귀염성이 있음 • • 기**特**

우리가 알고 있는 보통의 것과
다른 점 • • **特**색

일반적인 것과 구별되게 **다름**,
보통보다 훨씬 뛰어남 • • **特**별

국어 ⇨ 한자 찾기 **5** 다음 글을 읽고 '특별할 특'이 들어간 우리말에 동그라미를 치세요.

집 앞 학원 건물에 방학 특강 현수막이 걸렸다. 이번 강의의 특징은 '수포자'에게 특효가 있는 특허
받은 학습법이라고 한다. 수학 못하는 게 병도 아닌데 특효라니……. 엄마는 그렇게 특별한 학습법
이 있다면 왜 여태 학교 선생님들이 몰랐겠느냐고 말씀하셨다. 그러고는 공부에 특출나지 않아도 타
인을 배려하는 내가 수학 잘하는 학생보다 더 기특하다고 하시며 머리를 쓰다듬어 주셨다.

QUIZ 다음 중 '특별할 특'이 쓰이지 않은 단어를 찾아 동그라미를 치세요.

기특   특징   사특   특색   특보   특기

오늘 배울 **국어 속 한자**

別은 주로 '다르다', '나누다'를 뜻하며 '헤어지다', '따로', '구별'이라는 뜻으로도 쓰입니다.

'別식'을 그대로 풀이하면 '다른 음식'을 뜻하지만 단순히 다른 음식을 지칭하는 말이 아니라 '늘 먹는 음식과는 다른 색다른 음식'을 가리킵니다. '別미', '別장', '別다르다', '別의 別'에 쓰인 別도 '색다른, 특별히 다른, 보통과는 다른'이라는 뜻을 나타내는 것이지요.

다를/나눌 별

부수 刂(刀) | 총 7획

한자 따라 쓰기 *1* 순서에 맞게 다음 한자를 써 보세요.

別 別 別 別 別 別 別

別	別				

한자 구별하기 *2* 다음 중 '다를/나눌 별'을 찾아 동그라미를 치세요.

刐　刷　刖　刞　剔　別

✔ 남자와 여자 또는 수컷과 암컷의 구별을 이르는 말은?

성	

✔ 보통 때 먹는 음식 맛과는 다른 색다른 맛이 나는 음식을 이르는 말은?

	미

✔ 서로 인사를 하고 헤어지는 것이나 그런 인사를 뜻하는 말은?

작	

✔ 헤어지거나 떠나는 사람에 대한 섭섭함과 앞날의 행운을 바라는 뜻으로 여는 모임을 이르는 말은?

송	회

한자 연결하기 **4** 각 뜻풀이를 읽고 알맞은 단어를 찾아 바르게 연결해 보세요.

하나하나 따로 **나뉘어** 있는 상태 • • 개**別**

종류나 성질이 **다른** 것을 **구별**하여 가름 • • 분**別**

마음가짐이나 자세 따위가 유**달리 특별함** • • 각**別**

본래의 이름과는 **다르게** 남들이 지어 부르는 이름 • • **別**도

원래의 것에 덧붙여 **따로** 추가한 것, **다른** 방면 • • 차**別**

합당한 이유 없이 **다르게** 대하며 불이익을 주는 것 • • **別**명

국어 속 한자 찾기 **5** 다음 글을 읽고 '다를/나눌 별'이 들어간 우리말에 동그라미를 치세요.

내일은 서울로 이사 가는 동하와 작별하는 날이다. 성별은 달라도 닮은 점이 많아 어렸을 때부터 각별하게 지내온 동하와 나는 별명도 비슷해 사람들이 곧잘 헷갈렸다. 엄마는 별도로 우리 둘만의 송별회를 마련해 별미로 동하에게 카레 떡볶이를 만들어 주셨다. 동하는 우리 엄마표 떡볶이를 참 좋아했는데……. 우리는 언제 다시 만날 수 있을까?

QUIZ 다음 중 '다를/나눌 별'이 쓰이지 않은 단어를 찾아 동그라미를 치세요.

별미	차별	샛별	개별	분별	별명

오늘 배울 국어 속 한자

각각 각

부수 口 | 총 6획

各은 '각각'을 뜻하는 동시에 '여러'라는 의미도 지닙니다.

各의 훈(뜻)인 '각각'은 '하나하나', '따로따로'를 의미합니다. 하나씩 따로따로 떼어 놓은 사람이나 물건을 이를 때 쓰이는 말이지요. 동시에 여럿 가운데의 하나하나를 의미하기도 합니다. 따라서 '各국, 各지, 各방' 등에 쓰인 各은 '각각의 ~', '여러 ~' 라는 두 가지 뜻을 나타내지요.

한자 따라 쓰기 **1** 순서에 맞게 다음 한자를 써 보세요.

各 各 各 各 各 各

各 各

한자 구별하기 **2** 다음 중 '각각 각'을 찾아 동그라미를 치세요.

色 名 各 吞 吝 备

✔ 여러 가지 종류를 이르는 말은?

	종

✔ 각각의 나라 또는 여러 나라를 이르는 말은?

	국

✔ 여러 가지의 빛깔 또는 서로 다른 여러 가지를 이르는 말은?

	색

✔ 사람이나 물건이 저마다 다 따로따로 이르는 말은?

제	

한자 연결하기 **4** 각 뜻풀이를 읽고 알맞은 단어를 찾아 바르게 연결해 보세요.

각각 저마다, 저마다 **따로따로** •   • **各**기

각각의 곳, **여러** 곳, 모든 곳 •   • **各**지

각 지방, **여러** 곳 •   • **各**처

사회의 **각** 분야, 사회의 **여러** 방면 •   • **各**층

각각의 자기 자신, 제 **각각** •   • **各**계

각각의 계층, **여러** 계층 •   • **各**자

국어 ⇨ 한자 찾기 **5** 다음 글을 읽고 '각각 각'이 들어간 우리말에 동그라미를 치세요.

오늘은 국어 시간에 각자의 장래 희망을 발표했다. 나는 전 세계 각지를 여행하며 가지각색의 문화를 체험하고 각계각층의 사람들을 만날 수 있는 여행 작가가 되고 싶다고 말했다. 선생님께서는 작가가 되려면 독서를 많이 하고 각국의 언어도 배워야 한다고 말씀하셨다. 멋진 풍경을 감상하며 신나게 여행을 즐기면 되는 일이라고만 생각했으니, 왠지 창피했다.

QUIZ

다음 중 '각각 각'이 쓰이지 않은 단어를 찾아 동그라미를 치세요.

각기   각자   각계   조각   각종   제각각

 오늘 배울 국어 **속** 한자

지경 계

부수 田 I 총 9획

界의 훈(뜻)인 '지경'은 이 지역과 저 지역을 가르는 '경계' 또는 그 경계로 둘러싸인 '지역'을 말합니다. 이 의미가 확대돼 '세계', '활동하는 장소나 분야'라는 뜻으로도 쓰이지요.

신문을 보면 '○○○ 타계'라는 제목이 붙은 기사가 종종 눈에 띕니다. 뉴스로 알릴 만큼 사회적으로 지위가 높은 사람이 사망했을 때 '타계'라는 말을 쓰지요. '타(他)'는 '다르다'라는 뜻이므로 '타계'는 '다른 지경, 다른 세계(로 가다)'를 의미합니다. 사람이 죽으면 지금껏 살던 세계에서 떠나 다른 세계로 간다는 믿음이 담긴 표현이지요.

한자 따라 쓰기 **1** 순서에 맞게 다음 한자를 써 보세요.

界 界 界 界 界 界 界 界 界

界	界					

한자 구별하기 **2** 다음 중 '지경 계'를 찾아 동그라미를 치세요.

畀　畎　畧　界　思　異

✔ 지구상의 모든 나라를 이르는 말은?

세 ☐

✔ 바깥 세계, 자기 몸 밖 세계, 지구 밖 우주 공간 등을 이르는 말은?

외 ☐

✔ 서로 다른 지역이나 사물이 어떤 기준에 의해 구분되어지는 한계를 뜻하는 말은?

경 ☐

✔ 교육에 관련된 일을 하는 사람들의 활동 분야를 이르는 말은?

교 육 ☐

한자 연결하기 4 각 뜻풀이를 읽고 알맞은 단어를 찾아 바르게 연결해 보세요.

새로운 **세계**, 새롭게 생활하거나
활동하는 장소 •　　　• 한**界**

인간 세계를 둘러싸고 있는
바다, 식물, 동물, 우주 등의
모든 자연의 **세계** •　　　• 신세**界**

어떤 것이 실제로 일어나거나
영향을 미칠 수 있는 **경계** •　　　• 자연**界**

정치에 관련된 일을 하는
사람들의 **활동 분야** •　　　• 정**界**

같은 산업부문에서 일하는
사람들의 **활동 분야** •　　　• 학**界**

학문 연구를 직업으로 하는
학자 또는 교수들의 **활동 분야** •　　　• 업**界**

국어 속 한자 찾기 5 다음 글을 읽고 '지경 계'가 들어간 우리말에 동그라미를 치세요.

미국의 한 직장 평가 사이트에서 발표한 '유망 직업 순위 50'에서 '데이터 과학자'가 1위를 차지했다.
통계 지식과 분석 능력을 갖춰야 하는 데이터 과학자는 IT 업계에 속하는 직업이긴 하지만 기업은
물론 학계, 정계, 교육계 등 다양한 분야의 정보를 활용하고 분석해야 하므로 각 분야의 경계를 넘어
사고하는 융합적 사고가 필수적이다.

QUIZ 다음 중 '지경 계'가 쓰이지 않은 단어를 찾아 동그라미를 치세요.

| 자연계 | 외계 | 경계 | 신세계 | 기계 | 한계 |

오늘 배울 국어 **속** 한자

떼 부

부수 阝(邑) | 총 11획

部의 훈(뜻)인 '떼'는 여럿이 모여 있는 '무리', '집단'을 말합니다. 이외에 '부분', 책이나 신문을 세는 단위인 '부'라는 뜻으로도 쓰이지요.

자전(字典)에서 한자를 찾을 때 보통 '部수'를 먼저 확인하지요? '部수'는 한자의 공통 부분이 되는 자획(글자를 구성하는 점과 획)을 말합니다. 자전은 같은 부수를 가진 한자들을 분류해 부수를 제외한 나머지 획수에 따라 순서대로 한자를 수록하고 있어 부수만 알면 누구나 손쉽게 글자를 찾을 수 있답니다.

한자 따라 쓰기 **1** 순서에 맞게 다음 한자를 써 보세요.

部 部 部 部 部 部 部 部 部 部 部

部	部				

한자 구별하기 **2** 다음 중 '떼 부'를 찾아 동그라미를 치세요.

郡　㕚　郭　㕦　部　邵

✔ 모든 부분, 어느 한 부분이 아닌 빠짐없이 전체 다를
  뜻하는 말은?

전 ⬜

✔ 물건이나 공간의 안쪽 부분을 뜻하는 말은?

내 ⬜

✔ 기구나 기계의 어떤 한 부분에 쓰이는 물건을 이르는 말은?

⬜ 품

✔ 전체에 대하여 어느 특정 부분이 차지하는 위치로,
  주로 사람이나 동물 등의 신체를 가리킬 때 쓰이는 말은?

⬜ 위

 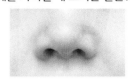

한자 연결하기 **4** 각 뜻풀이를 읽고 알맞은 단어를 찾아 바르게 연결해 보세요.

일정한 규모로 모인 군인 **집단** •   • **部**대

차지하는 **부분**이 커
전체량에 가까운 수량 •   • 남**部**

어떤 지역의 남쪽 **부분** •   • 대**部**분

전체 중에서 한 **부분** •   • 일**部**

서로 구별되는
특성에 따라 나뉜 **부분** •   • **部**수

책이나 신문 등 출판물을
세는 단위인 **부**의 수 •   • **部**류

국어 ⇨ 한자 찾기 **5** 다음 글을 읽고 '떼 부'가 들어간 우리말에 동그라미를 치세요.

2월 22일 오후 8시 10분경 경남 울산에 있는 자동차 부품 생산 공장에서 화재가 발생해 건물이 전부
불에 탔다. 당시 이 건물 내부에서 근무하던 50명 가량은 화재 발생 경보음을 듣고 대부분 무사히 대
피했으며, 일부 부상자가 발생하긴 했지만 현재까지 사망자는 없는 것으로 알려졌다.

QUIZ   다음 중 '떼 부'가 쓰이지 않은 단어를 찾아 동그라미를 치세요.

| 부위 | 남부 | 부류 | 부수 | 기부 | 내부 |

 오늘 배울 국어 속 한자

族

겨레 족

부수 方 | 총 11획

族의 훈(뜻)인 '겨레'는 '한 핏줄을 이어받은 민족'을 가리킵니다. 이 의미가 확대돼 '가족', '한 집안', '친족', '종족', '무리(공동체)'라는 뜻으로도 쓰이지요.

'수족관'의 '수族'은 '물에서 사는 생물 종族'을 말합니다. 여기서 族은 사람 이외의 무리를 가리키지요. '관(館)'은 '집'을 뜻하므로 '수족관'을 그대로 풀이하면 '물고기들이 사는 집'을 뜻합니다. 일반적으로 물속에 사는 생물의 생태에 적합한 환경을 조성해 여러 동물을 키우며 관찰할 수 있는 시설을 지칭하지요.

한자 따라 쓰기 1 순서에 맞게 다음 한자를 써 보세요.

族 族 族 族 族 族 族 族 族 族 族

族 族

한자 구별하기 2 다음 중 '겨레 족'을 찾아 동그라미를 치세요.

旅 旋 族 旎 斻 旀

✔ 주로 부부를 중심으로 하여 한 가정을 이루는 사람들의 집단 또는 그 구성원을 이르는 말은?

가	

✔ 같은 언어와 문화, 전통을 가진 원시 공동체를 이르는 말은?

부	

✔ 한 집안의 혈연관계를 적어 기록한 책을 이르는 말은?

	보

✔ 타고난 신분이 높고 가문이 좋은 사람들을 뜻하는 말은?

귀	

죽은 사람의 남아 있는 **가족**　•　　　•　왕族

같은 핏줄을 이어받은 **민족**　•　　　•　동族

왕의 **한 집안** 사람들　•　　　•　유族

같은 조상을 가진 **친족** 집단　•　　　•　친族

촌수가 가까운 **한 집안**의 사람들　•　　　•　씨族

조상이 같고 언어와 문화, 전통을 가진 사회 **공동체**, 같은 종류의 생물 전체　•　　　•　종族

족보는 한 가문의 씨족이나 동족 구성원을 조상으로부터 현세대에 이르기까지 부계 중심으로 기록한 책이다. 족보는 조선 시대에 활발하게 만들어졌으며 원래 왕족이나 귀족의 전유물이었지만 신분 상승을 꾀한 상민이 족보를 사고팔거나 위조하는 경우가 많았다. 또한 부계 가족 집단 중심으로 작성되기 때문에 여성의 이름을 기록하지 않는 등 성차별적 요소도 스며들어 있었다.

*부계: 아버지 쪽으로 이어져 내려온 혈연 계통

QUIZ　다음 중 '겨레 족'이 쓰이지 않은 단어를 찾아 동그라미를 치세요.

동족	부족	종족	민족	유족	만족

나눌 반

부수 王(玉) | 총 10획

 오늘 배울 **국어 속 한자**

班은 주로 '나누다'를 뜻하며, 이외에 '반, 학급', '등급', '학년', '구별, 다름'이라는 뜻으로도 쓰입니다.

'반, 학급'과 '양班'은 아무런 관련이 없어 보이는데 왜 班이 쓰였을까요? 고려와 조선 시대에는 나랏일을 맡아 하던 관직을 크게 둘로 나누어 '문班'과 '무班'이라고 했습니다. '무班'은 국방, 군사 등과 관련한 일을, '문班'은 그 밖의 행정일을 맡아 했지요. 임금과 신하가 모여 회의를 열 때는 문반이 동쪽에, 무반이 서쪽에 서 있어 이를 '동반과 서반'이라고도 불렀습니다. 이렇게 관료 체제를 이루는 문반과 무반을 '양반'이라 일렀으나 점차 그 가족이나 후손까지 포괄하여 '양반'은 신분이 높은 사람을 뜻하는 말이 된 것이랍니다.

한자 따라 쓰기 **1** 순서에 맞게 다음 한자를 써 보세요.

班 班 班 班 班 班 班 班 班 班

班	班				

한자 구별하기 **2** 다음 중 '나눌 반'을 찾아 동그라미를 치세요.

珏　斑　玭　班　珪　玤

3 각 질문을 읽고 알맞은 한자를 써넣어 단어를 완성해 보세요.

✔ 학교에서 학급을 대표하는 사람을 뜻하는 말은?

	장

✔ 지체나 신분이 높은 상류 계급에 속한 사람으로 조선 시대 사대부 계층을 이르던 말은?

양	

✔ 두 개 이상의 반을 합치거나 합친 반을 이르는 말은?

합	

✔ 졸업을 앞둔 학년을 이르는 말은?

졸	업	

4 각 뜻풀이를 읽고 알맞은 단어를 찾아 바르게 연결해 보세요.

학교나 학원에서 가장 높은 수준의 내용을 배우는 **반** •　　• 고급**班**

학교나 학원에서 미술 활동을 하는 학생들로 구성된 **반** •　　• 분**班**

한 **반**을 몇 개의 **반**으로 나눔 •　　• 미술**班**

학문, 실무, 기술 등을 배우고 익힐 수 있는 **반** •　　• **班**열

신분 또는 **등급**의 차례 •　　• 월**班**

성적이 뛰어나 더 높은 **등급**으로 건너뛰어 올라감 •　　• 강습**班**

5 다음 글을 읽고 '나눌 반'이 들어간 우리말에 동그라미를 치세요.

올해 졸업반이 된 형은 3년 내내 반장을 도맡았지만, 나는 한 번도 반장을 한 적이 없다. 형은 수영 강습반에 들어가고 얼마 지나지 않아 초급반에서 고급반으로 월반했지만, 나는 몇 달째 중급반에 머물고 있다. 그런 우리 형을 사람들은 '모범생'이라 부른다. 하지만 나만 아는 우리 형의 진짜 훌륭한 모습은 다른 데 있다. 형은 매일 밤 부모님 몰래 밖으로 나가 집 앞 공터에서 지내는 길고양이를 돌본다.

QUIZ 다음 중 '나눌 반'이 쓰이지 않은 단어를 찾아 동그라미를 치세요.

미술반	월반	합반	반열	반성	양반

다스릴 **리(이)**

부수 王(玉) | 총 11획

🐻 오늘 배울 **국어 속 한자**

理는 주로 '다스리다'를 뜻하며, 이외에 '이치', '도리', '수선하다'라는 뜻으로도 쓰입니다.

'요理'는 재료를 준비해 다양한 조리 과정을 거쳐 음식을 만드는 일이나 그렇게 만든 음식을 말합니다. 여기서 '요(料)'는 재료의 분량 등을 잘 '헤아리는 것'을 가리키고 '理'는 이 재료들이 음식이 되기까지 거치는 여러 조리 과정을 '다스리는 일'을 말하지요.

한자 따라 쓰기 **1** 순서에 맞게 다음 한자를 써 보세요.

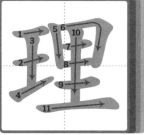

理 理 理 理 理 理 理 理 理 理 理

理	理					

한자 구별하기 **2** 다음 중 '다스릴 리'를 찾아 동그라미를 치세요.

班　理　哩　捏　俚　埋

3 각 질문을 읽고 알맞은 한자를 써넣어 단어를 완성해 보세요.

✔ 흐트러진 물건을 가지런히 바로잡는 것을 뜻하는 말은?

 정

✔ 일 등을 다스려 정리해 마무리함을 뜻하는 말은?

 처

✔ 고장 난 것을 수선하고 고치는 것을 이르는 말은?

 수

✔ 요리를 만드는 방법이나 과정 또는 건강이 회복되도록 몸을 잘 보살핌을 뜻하는 말은?

조

4 각 뜻풀이를 읽고 알맞은 단어를 찾아 바르게 연결해 보세요.

정당하고 **도리**에 맞는 원리 • • **理**치

일의 **이치를** 분별하여 해석함, 깨달아 앎, 잘 알아서 받아들임 • • 수**理**

수학의 이론이나 **이치**, 수학과 자연 과학 • • **理**해

참된 **이치**나 **도리** • • 원**理**

사물이나 현상의 근본이 되는 **이치** • • 진**理**

말이나 글에서 자기 생각을 **이치**에 맞게 생각하는 과정이나 원리 • • 논**理**

5 다음 글을 읽고 '다스릴 리'가 들어간 우리말에 동그라미를 치세요.

일상생활에서는 셈법만 이해해도 충분할 것 같은데 왜 수학은 점점 더 어려워지는 걸까? 수학 문제는 공식을 외우기보다 개념과 원리를 터득해야 풀 수 있다. 그래서 수학을 공부하면 추론을 통해 논리적으로 생각하는 방법과 이치를 터득하는 사고력, 정보 처리 능력이 향상된다. 수리 능력이 뛰어나면 복잡한 기계를 수리할 때도 유용하다.

 QUIZ 다음 중 '다스릴 리'가 쓰이지 않은 단어를 찾아 동그라미를 치세요.

조리   진리   정리   수리   이해   머리

오늘 배울 **국어 속 한자**

由는 '말미암다'를 뜻합니다. '말미암다'는 '어떤 일이 다른 일의 원인이 된다'를 의미하지요. 이 의미가 확대돼 '까닭', '~부터', '길'이라는 뜻으로도 쓰입니다.

'다른 것에 얽매이지 않고 자기 마음대로 할 수 있는 상태'를 뜻하는 '자由'에도 由가 쓰입니다. 왜일까요? '자由'를 그대로 풀이하면 '자기로 말미암', 즉 '자기로부터 나오다'를 뜻합니다. 다른 사람에 얽매이지 않고 자기 뜻에 따라 행동하고 결정하는 자기주도성을 이르는 것이지요.

말미암을 유
부수 田 | 총 5획

한자 따라 쓰기 1 순서에 맞게 다음 한자를 써 보세요.

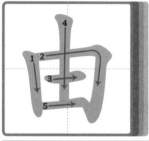

由 由 由 由 由

由 由

한자 구별하기 2 다음 중 '말미암을 유'를 찾아 동그라미를 치세요.

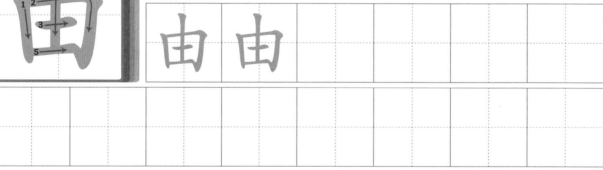

田　屯　甲　曲　申　由

한자 완성하기 3 각 질문을 읽고 알맞은 한자를 써넣어 단어를 완성해 보세요.

✔ 헤엄치는 방법에 제한을 두지 않은 수영 경기 종목을 이르는 말은?

자		형

✔ 목적지에 가는 도중 어떤 길을 들르거나 거쳐 지나감을 이르는 말은?

경	

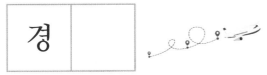

✔ 행동의 결정권이 자신으로부터 나오지 않고 다른 무언가에 얽매여 마음대로 할 수 없음을 뜻하는 말은?

부	자	

✔ 예로부터 전해져 내려오는 까닭과 오랜 역사를 뜻하는 말은?

	서

한자 연결하기 4 각 뜻풀이를 읽고 알맞은 단어를 찾아 바르게 연결해 보세요.

말미암아 옴,
일의 이유나 **까닭**   •   • 경**由**지

목적지로 가는 도중
거쳐 지나가는 **길**이나 장소   •   • 연**由**

사물이나 일이 생겨나거나
전해져 온 **까닭**   •   • **由**래

어떤 일을 그렇게 하게 된
이유나 **까닭**   •   • 자**由**

어떤 결과가 생기게 된 **까닭**
또는 구실이나 변명   •   • 이**由**

몸과 마음의 결정권이
자신으로**부터** 나옴   •   • 사**由**

국어 ⇨ 한자 찾기 5 다음 글을 읽고 '말미암을 유'가 들어간 우리말에 동그라미를 치세요.

우리 마을에는 유서 깊은 전통 시장이 있다. 조선 시대 서적에 등장할 만큼 그 유래가 오래된 이 시장은 아직도 전국 각지의 사람들이 찾아온다. 엄마는 퇴근하실 때 항상 이 재래시장을 경유해 장을 봐 오신다. 농산물이 싸고 싱싱하기도 하지만 전통 시장이 앞으로도 오랫동안 유지되었으면 하는 바람이 더 크다는 게 그 이유다.

QUIZ 다음 중 '말미암을 유'가 쓰이지 않은 단어를 찾아 동그라미를 치세요.

사유	경유지	유지	이유	자유형	부자유

오늘 배울 **국어 속 한자**

새 **신**

부수 斤 | 총 13획

新은 '새로', '새롭게', '새로움'을 뜻합니다.

한자어 '新문'과 영어 'news'의 공통점은 뭘까요? 문(聞)은 '듣다, 소식'을 의미하므로 '新문'은 '새로운 소식'을 뜻합니다. 'news'는 '새로운'이라는 의미의 new를 복수 형태로 나타낸 말로, '새로운 것들', 즉 세상에서 일어나는 새로운 일들을 가리키지요. 언어는 다르지만 둘 다 '새로운 소식'이라는 의미를 나타낸다는 공통점이 있습니다.

한자 따라 쓰기 **1** 순서에 맞게 다음 한자를 써 보세요.

新 新 新 新 新 新 新 新 新 新 新 新 新

新	新				

한자 구별하기 **2** 다음 중 '새 신'을 찾아 동그라미를 치세요.

靳　斯　辣　新　漸　祈

각 질문을 읽고 알맞은 한자를 써넣어 단어를 완성해 보세요.

✔ 새로 입학한 학생을 이르는 말은?

 입 생

✔ 이전의 기록보다 더 뛰어난 새로운 기록을 이르는 말은?

 기 록

✔ 새로 지은 곡을 이르는 말은?

 곡

✔ 새로 낸 책 또는 그 책을 뜻하는 말은?

 간

한자 연결하기 **4** 각 뜻풀이를 읽고 알맞은 단어를 찾아 바르게 연결해 보세요.

새로 생긴 말, **신**어 • • **新**조어

새로 개발하여 나온 상품 • • 혁**新**

오래된 풍속이나 관습 등을
완전히 바꾸어서 **새롭게** 함 • • **新**상품

가장 **새로운** 모양 • • **新**식

어떤 분야에서 **새롭게** 등장해
활동을 시작한 사람 • • 최**新**형

새로운 방식이나 형식 • • **新**인

국어 ⇨ 한자 찾기 **5** 다음 글을 읽고 '새 신'이 들어간 우리말에 동그라미를 치세요.

내 친구는 항상 새로운 것만 찾는다. 그래서인지 휴대폰도 최신형이고 학용품도 전부 신상품이다. 노래도 신인이나 기성 가수의 신곡만 찾아 듣는다. 매일 신문을 읽으면서 새로운 소식을 접해 또래인 우리가 잘 모르는 신조어도 많이 안다. 신입생 때부터 한결같이 새로운 것만 고집해 온 내 친구는 이름마저 새롭다. 그 친구는 다름 아닌 새롬이다.

QUIZ 다음 중 '새 신'이 쓰이지 않은 단어를 찾아 동그라미를 치세요.

혁신   신인   신기록   신간   신청   신식

오늘 배울 **국어 속 한자**

들을 **문**

부수 耳 | 총 14획

聞은 '듣다', '들리다', '소식', '소문', '알려지다'를 뜻합니다.

국회가 어떤 문제를 두고 관련 법을 만들거나 결정을 내리기에 앞서 관계된 사람들의 의견을 듣기 위해 여는 모임을 '청문회'라고 하지요? 여기서 '청(聽)'과 '문(聞)'은 둘 다 '듣다'를 의미합니다. 청문회를 보면 국회의원이 상대방에게 질문하는 모습이 주로 나오는데, 왜 '물을 문(問)'이 아닌 '들을 **문**'이 쓰인 걸까요? '청문회'는 질문하는 자리가 아닌, 상대방의 말을 '경청하는' 자리이기 때문이지요.

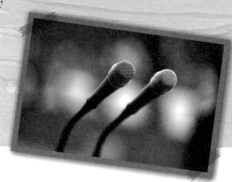

한자 따라 쓰기 **1** 순서에 맞게 다음 한자를 써 보세요.

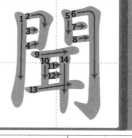

聞 聞 聞 聞 聞 聞 聞 聞 聞 聞 聞 聞 聞 聞

聞	聞						

한자 구별하기 **2** 다음 중 '들을 문'을 찾아 동그라미를 치세요.

聞　聞　聞　間　聞　問

한자 완성하기 **3** 각 질문을 읽고 알맞은 한자를 써넣어 단어를 완성해 보세요.

✔ 글과 사진으로 세상에서 일어나는 다양한 소식을 알려주는 발행물을 이르는 말은?

✔ 백 번 들음, 아주 여러 번 듣는 것을 뜻하는 말은?

✔ 여러 사람 입에 오르내리며 널리 전하여 들리는 이야기를 뜻하는 말은?

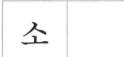

✔ 어떤 일이 끝난 뒤에 그 일에 대하여 들리는 여러 가지 소문을 뜻하는 말은?

한자 연결하기 **4** 각 뜻풀이를 읽고 알맞은 단어를 찾아 바르게 연결해 보세요.

보고 **들음**, 직접 보거나 **들어서** 깨달아 알게 된 것 • • 견**聞**록

아직 **들어**보지 못함 • • 미**聞**

직접 보고 **들은** 지식을 기록한 글 • • 견**聞**

바람처럼 떠도는 **소문**, 실상이 없이 떠도는 **소문** • • **聞**인

이름이 널리 **알려진** 사람 • • 풍**聞**

원하는 것을 찾기 위해 떠도는 **소문**을 두루 찾아 알아봄 • • 수소**聞**

국어 속 한자 찾기 **5** 다음 글을 읽고 '들을 문'이 들어간 우리말에 동그라미를 치세요.

우리 속담 중에 '백문이 불여일견'이라는 말이 있다. '한 번 보는 것이 백 번 듣는 것보다 낫다'는 뜻으로, 직접 보고 깨우친 지식과 들어서 알게 된 정보는 다르다는 말이다. 직접 듣고 보고 경험하면서 견문을 넓히면 소문과 풍문을 분별하는 능력이 생긴다. 요즘은 신문이나 뉴스에서도 확인되지 않은 일들을 사실처럼 전한다고 하니 새로운 정보를 접할 때도 주의가 필요하다.

QUIZ 다음 중 '들을 문'이 쓰이지 않은 단어를 찾아 동그라미를 치세요.

| 견문록 | 호소문 | 풍문 | 미문 | 문인 | 수소문 |

 오늘 배울 국어 **속** 한자

공평할 공

부수 八 | 총 4획

公은 '공평하다'를 뜻합니다. '공평하다'는 '한쪽으로 치우치지 않다'라는 뜻이므로 '누구에게나 똑같이 적용되다'라는 의미이기도 하지요. 이 의미가 확대돼 '여러 사람', '공공의', '공적인'이라는 뜻으로도 쓰입니다.

'公人'은 '국가나 사회에 관계된 일에 종사하면서 공익을 실현하는 사람'을 말합니다. 그런데 연예인을 두고 '公人'이라고 말하는 사람들도 있습니다. 이들은 연예인이 공공의 이익을 위해 일하는 사람은 아니지만 사회적으로 많은 사람들에게 미치는 영향력이 매우 크기 때문에 연예인도 공인이라고 생각하는 것이지요.

한자 따라 쓰기 **1** 순서에 맞게 다음 한자를 써 보세요.

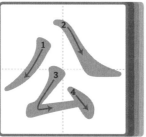

公 公 公 公

公 公

한자 구별하기 **2** 다음 중 '공평할 공'을 찾아 동그라미를 치세요.

允 介 公 公 欠 父

✔ 국가나 사회적으로 인정된 공적인 형식이나 방식 또는
연산 등을 문자와 기호로 나타낸 식을 이르는 말은?

	식

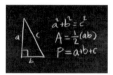

✔ 음악, 무용, 연극 등을 연출하여 여러 사람 앞에서 보이는 것을
뜻하는 말은?

	연

✔ 여러 사람이 놀고 쉴 수 있도록 잔디밭과 나무를 가꾸어
놓고 관련 시설 등을 설치한 넓은 장소를 이르는 말은?

	원

✔ 개인이 아닌 여러 사람이 공동으로 소유하는 돈을 뜻하는
말은?

	금

한자 연결하기 4 각 뜻풀이를 읽고 알맞은 단어를 찾아 바르게 연결해 보세요.

여러 사람에게 널리 알림　　•　　•　公중

사회 대부분을 이루는
여러 사람들, 일반인　　•　　•　公지

국가나 지방 단체에서
공적인 업무를 담당하는 사람　　•　　•　公무원

어느 **한쪽으로도**
치우치지 않고 고른 것　　•　　•　公평

공평하고 올바름　　•　　•　公개

어떤 사실이나 내용 등을
여러 사람에게 널리 드러냄　　•　　•　公정

국어 속 한자 찾기 5 다음 글을 읽고 '공평할 공'이 들어간 우리말에 동그라미를 치세요.

우리 아빠는 공중 보건 위생을 담당하는 공무원이시다. 온 나라를 떠들썩하게 하는 각종 바이러스 감염병이 발생하면 아빠는 누구보다 바쁘게 일하신다. 전염병 전파 상황을 투명하게 공개하고, 전염병 예방을 위해 국민이 꼭 알아야 할 수칙을 공지하는 데도 여념이 없으시다. 성실하고 공정하게 업무에 임해 표창장을 받으신 적도 있다.

QUIZ 다음 중 '공평할 공'이 쓰이지 않은 단어를 찾아 동그라미를 치세요.

공연	공평	공기	공개	공식	공원

 오늘 배울 국어 **속** 한자

共의 훈(뜻)인 '한가지'는 띄어 쓰지 않고 붙여 씁니다. 개수가 '하나'라는 의미가 아니라 '사물의 형태나 성질, 동작 등이 서로 같은 것'을 뜻하지요. 이 의미가 확대돼 '함께', '공공의'라는 뜻으로도 쓰입니다.

공원이나 도서관에 가면 '이곳은 모두가 사용하는 공공 시설이므로 깨끗하게 사용하여 주시기 바랍니다.'라고 쓰인 안내문을 볼 수 있습니다. '공共시설, 공共장소'에서 앞에 쓰인 공(公)은 '여러 사람'을, 뒤에 쓰인 共은 '함께'를 뜻하므로, '여러 사람이 함께 이용하는 '시설 또는 장소'를 가리키지요. 여기서 '공共'은 주로 국가나 사회의 구성원에게 공동으로 속하는 것을 이르는 말입니다.

한가지 공

부수 八 | 총 6획

한자 따라 쓰기 **1** 순서에 맞게 다음 한자를 써 보세요.

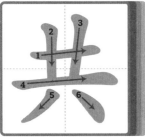

共 共 共 共 共 共

共	共						

한자 구별하기 **2** 다음 중 '한가지 공'을 찾아 동그라미를 치세요.

兵　只　貝　典　其　共

✔ 두 사람 이상이 하나의 물건을 함께 소유함을 이르는 말은?

	유

✔ 함께 계획하여 범죄를 저지른 사람을 이르는 말은?

	범

✔ 둘 이상의 여러 사람이 함께 일을 하거나, 같은 자격이나 조건으로 모여 관계를 가짐을 이르는 말은?

	동

✔ 남의 마음이나 생각에 동의하여 자기도 함께 그렇다고 느끼는 것을 뜻하는 말은?

	감

서로를 도우며 **함께** 살아가는 것 •   • **共**통점

둘 이상의 여러 사람 사이에 **함께** 두루 통하는 점 •   • **共**생

두 사람 이상이 **함께** 어떤 불법적인 행위를 계획하고 그 실행 방법을 의논하는 일 •   • **共**모

함께 도우며 살아감, **함께** 존재함 •   • **共**존

여러 사람이 **함께 공공의** 목적으로 쓰는 물건 •   • **共**익

여러 사람들이 **함께** 누리는 이익 •   • **共**용

4차 산업혁명 시대에는 공용 물건을 두고 공동으로 사용하는 공유 경제가 더 전망이 밝을 것이라는 공감대가 형성되고 있다. 자동차가 대표적인 예다. 요즘은 굳이 자가용을 구입하지 않아도 스마트폰 앱으로 언제 어디서나 필요할 때 공용 자동차를 쓸 수 있다. 에너지 낭비를 줄일 수 있어 공공 기관 에서도 적극 권장하는 추세다.

QUIZ 다음 중 '한가지 공'이 쓰이지 않은 단어를 찾아 동그라미를 치세요.

공원	공감	공범	공생	공존	공용

오늘 배울 국어 속 한자

느낄 감

부수 心 | 총 13획

感은 '느끼다'를 뜻하면서 '고맙게 여기다', '생각하다'라는 뜻도 가집니다.

일상생활에서 '感지덕지하다'라는 말을 흔히 쓰지요? '감사히 여기고 덕으로 여긴다'라는 의미의 고사성어 '感지덕지'에 동사를 나타내는 '~하다'가 붙은 이 말은 '상대방의 조그마한 도움에도 큰 감사함을 느낀다'라는 의미를 나타냅니다. 상대방의 도움이나 은혜가 분수에 넘치게 느껴질 정도로 감사히 여길 때 주로 쓰이는 이 말은 '고맙다', '감사하다'보다 더 강한 표현이지요.

한자 따라 쓰기 **1** 순서에 맞게 다음 한자를 써 보세요.

感 感 感 感 感 感 感 感 感 感 感 感

感 感

한자 구별하기 **2** 다음 중 '느낄 감'을 찾아 동그라미를 치세요.

咸　惑　感　憾　感　憾

3 각 질문을 읽고 알맞은 한자를 써넣어 단어를 완성해 보세요.

✔ 어떤 일에 대하여 일어나는 마음이나 느끼는 기분을
  뜻하는 말은?

	정

✔ 좋게 느끼는 감정을 이르는 말은?

호	

✔ 고맙게 여기는 마음이나 고마움을 나타낼 때 쓰이는
  인사를 이르는 말은?

	사

✔ 신체기관을 통해서 밖의 자극을 느끼거나 알아차림 또는
  어떤 것에 민감하게 인식하고 반응하는 능력을 이르는 말은?

	각

4 각 뜻풀이를 읽고 알맞은 단어를 찾아 바르게 연결해 보세요.

남의 기쁨과 슬픔에 대하여
자기도 같은 감정을
가지거나 **느낌**   •   • 공**感**

외부의 자극을 받아들이고
느끼는 성질이나 성향   •   • **感**동

기쁨, 놀라움과 같은 감정을
깊이 **느껴** 마음이 움직임   •   • **感**수성

예민하게 **느끼는** 감각,
자극에 빠르게 반응하거나   •   • 예**感**
쉽게 영향을 받음

앞으로 무슨 일이
생길 것 같은 **느낌**   •   • 민**感**

어떤 의견에 같은 **생각**을 가짐 •   • 동**感**

5 다음 글을 읽고 '느낄 감'이 들어간 우리말에 동그라미를 치세요.

시인은 풍부한 감수성과 뛰어난 언어 감각을 지닌 사람이다. 시인은 날카로운 시선으로 주변에서 일
어나는 일들을 주의 깊게 관찰하고 이에 민감하게 반응해 '시'라는 언어 예술로 표현한다. 김소월의
〈진달래꽃〉이나 윤동주의 〈서시〉는 많은 이들에게 감동을 선사하고 공감을 이끌어내 거의 매년 국
민 애송시로 꼽히고 있다.

QUIZ 다음 중 '느낄 감'이 쓰이지 않은 단어를 찾아 동그라미를 치세요.

감사	호감	감독	감동	동감	예감

1 〈보기〉에서 각 빈칸에 알맞은 한자와 뜻을 찾아 써 보세요.

> 보기
> 新 感 部 區 特 界 族 聞 清 野
> 나눌 반 | 공평할 공 | 나눌 분 | 꽃부리 영 | 한가지 공 | 다스릴 리 | 다를/나눌 별 | 각각 각 | 말미암을 유 | 밝을 명

	分	明			英		別	各
구분할 구			들 야	맑을 청		특별할 특		지경 계

	班	理	由			公	共	
떼 부	겨레 족			새 신	들을 문			느낄 감

2 각 한자의 틀린 부분을 찾아 바르게 고쳐 써 보세요.

品	分	明	野	清	央	特	別	夊	畀
구분할 구	나눌 분	밝을 명	들 야	맑을 청	꽃부리 영	특별할 특	다를/나눌 별	각각 각	지경 계

部	族	班	理	田	新	聞	公	只	惑
떼 부	겨레 족	나눌 반	다스릴 리	말미암을 유	새 신	들을 문	공평할 공	한가지 공	느낄 감

3 각 빈칸에 알맞은 한자와 뜻을 써 보세요.

區			野	淸		特			界
	나눌 **분**	밝을 **명**			꽃부리 **영**		다를/나눌 **별**	각각 **각**	

部	族				新	聞			感
		나눌 **반**	다스릴 **리**	말미암을 **유**				공평할 **공**	한가지 **공**

[4~5] 다음 글을 읽고 문제에 답하세요.

　　사포라는 이름을 ㉠ 들은 적이 있는가? 사포는 그리스에서 가장 유명한 시인 중 한 사람이다. 모든
❶ **분야**에서 남성이 중심이던 고대 그리스에서 여성은 제대로 교육받지 못했고 사회적으로 인정받기
도 어려웠다. 이런 사회에서 시인으로 주목받은 사포는 ❷ **분명** 대단히 ❸ **특별**한 인물이라 할 수 있
다. 우리는 그리스 시인으로 〈일리야드〉와 〈오딧세이아〉를 쓴 호메로스를 기억하지만, 사포는 그와
견줄만한 명성을 누렸다. 사포는 사랑의 감정을 섬세하고 솔직한 언어로 표현하며 많은 독자들의 사
랑을 받았다. 하지만 사포의 시는 ㉡ **공정한** 대우를 받지 못했다. 그의 수많은 시 중 지금 온전하게 전
해지는 시는 2편에 불과하기 때문이다. 그렇지만 사포의 시는 후대의 문학가들의 ❹ **공감**을 불러일으
키며 그들에게 ㉢ **새로운** 영감을 주고 있다.

4 다음 중 ❶ ~ ❹의 우리말 소리에 해당하는 한자를 써보세요.

❶ _____　　❷ _____　　❸ _____　　❹ _____

5 다음 중 ㉠ – ㉡ – ㉢의 의미를 나타내는 한자를 골라 보세요.

① 聞 - 公 - 界　　② 聞 - 公 - 淸　　③ 共 - 公 - 新　　④ 聞 - 公 - 新

우리말
어휘력을 키워주는

국어 속 한자 Ⅱ

정답

天 천 9p

한자 완성하기 ③

天 사
天 재
天 막
天 재 지 변

한자 연결하기 ④

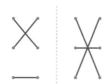

국어 ➡ 한자 찾기 ⑤

예로부터 사람들은 하늘이 거스를 수 없는 신성한 힘을 가졌다고 믿었다. 天国(천국), 天使(천사), 天罰(천벌)은 이처럼 하늘을 우러르던 옛사람들의 믿음이 깃든 말이다. 우주 탐사를 통해 天体(천체)를 관찰하고 연구하는 과학의 시대에도 이러한 사고는 종교라는 형태로 바뀌어 여전히 인간의 삶에 영향을 미치고 있다.

QUIZ　천생　천체　천지　(하천)　천벌　천막

地 지 11p

한자 완성하기 ③

地 도
地 구
地 진
토 地

한자 연결하기 ④

국어 ➡ 한자 찾기 ⑤

고대 중국인들은 '하늘은 둥글고 땅은 네모나다'고 생각했다. 그래서 옛 地図(지도)를 보면 네모나게 그린 陸地(육지)에 산과 강이 있고, 陸地(육지)를 제외한 나머지는 바다가 그려져 있다. 태양도 동쪽 平地(평지) 끝에 있는 바다에서 뜨고 서쪽 산 끝에 있는 바다로 진다고 믿었다. 한편 고대 그리스인들은 공처럼 둥근 땅인 地球(지구)가 우주의 중심에 있고 해와 달을 비롯한 천체가 地球(지구)의 둘레를 돈다고 생각했다.

QUIZ　지도　(휴지)　평지　지위　착지　오지

海 해 13p

한자 완성하기 ③

海 변
海 적
海 녀
海 산 물

한자 연결하기 ④

국어 ➡ 한자 찾기 ⑤

영국은 침략 전쟁을 일삼아 海外(해외)에 가장 넓은 식민지를 개척해 여러 나라를 지배했다. 한때 '해가 지지 않는 나라'라고 불린 이유도 이 때문이다. 당시 영국과 앞다퉈 식민지 건설에 나섰던 스페인은 1588년 '무적함대'를 이끌고 영국 領海(영해)를 침공했다. 칼레 앞바다에서 스페인과 전쟁을 치른 영국은 海賊(해적) 출신 프랜시스 드레이크 경의 활약으로 스페인을 누르고 새로운 海洋(해양) 강국으로 떠올랐다. 이 전투를 일컬어 '칼레 海戰(해전)'이라고 한다.

QUIZ　해산물　해적　(해답)　해문　항해　해협

江 강 15p

한자 완성하기 ③

한 江
인 더 스 江
황 허 江
나 일 江

한자 연결하기 ④

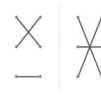

국어 ➡ 한자 찾기 ⑤

고대 인류는 江(강)물 주변에 모여 살면서 문명을 건설했다. 기원전 4,000~3,000년경에 등장한 '세계 4대 문명'도 모두 江(강)에서 형성되었다. 나일江(강) 유역에서는 '이집트 문명', 티그리스江(강)·유프라테스江(강) 유역에서는 '메소포타미아 문명', 인도 인더스江(강)·갠지스江(강) 유역에서는 '인더스 문명', 중국 황허江(강) 유역에서는 '황허 문명'이 꽃을 피웠다.

QUIZ　한강　(건강)　강촌　강변로　강가　강산

川 천 17p

한자 완성하기 ③

산 川
곡 류 川
춘 川
청 계 川

한자 연결하기 ④

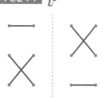

국어 ➡ 한자 찾기 ⑤

우리나라는 산과 냇물이 조화롭게 어우러진 山川(산천) 지형이 특징이다. 산에서 육지로 물줄기가 흘러내리면서 구불구불한 모양의 曲流川(곡류천)이나 바다로 모래로 이루어진 沙川(사천), 수심이 깊은 深川(심천) 같은 여러 모양의 河川(하천) 지형을 형성한다. 春川(춘천)이나 청계川(청계천) 등 川(천)이 들어간 지명을 흔히 볼 수 있는 이유도 이처럼 河川(하천)을 따라 마을이 조성된 경우가 많아서다.

QUIZ　하천　(실천)　산천　실개천　명천　천변

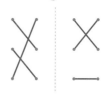

電 전 19p

한자 완성하기 ③

電 기
電 원
電 철
건 電 지

한자 연결하기 ④

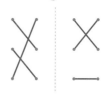

국어 ➡ 한자 찾기 ⑤

갑자기 電氣(전기) 공급이 끊기면 무슨 일이 벌어질까? 電車(전철)이 멈추고 電話(전화)가 불통될 것이다. 냉난방은 물론 家電(가전) 제품도 전혀 사용하지 못해 일상이 마비될 것이다. 이처럼 우리는 電氣(전기)에 전적으로 의존해 생활하고 있지만 電(전) 에너지는 무한하지 않다. 發電所(발전소)를 늘려 과도한 의존을 더 부추기기보다는 電氣(전기) 에너지 사용을 줄이고 節電(절전)을 생활화하는 습관을 길러야 한다.

QUIZ　정전　전원　(온전)　충전　건전지　가전

氣 (기) 21p

한자 완성하기 3

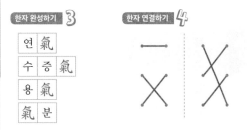
연氣 / 수증氣 / 용氣 / 氣분

한자 연결하기 4

국어 속 한자 찾기 5

일부 아시아 국가에서 시작된 '한류' 열풍의 인氣가 유럽과 미국 등지로 빠르게 확산되고 있다. 생氣 발랄하고 열정 가득한 아이돌 그룹의 음악은 한류 열풍의 중심에 있다. 공연장의 분위氣를 후끈 달아오르게 만드는 이들의 무대를 지켜보며 전 세계 팬들은 더욱 열광의 도가니에 빠진다. 인氣가 날로 확산되는 추세로 보아 당분간 K-POP 열氣는 쉽게 잦아들지 않을 듯하다.

QUIZ 건억 열기 기본 한기  수증기 용기

 自 (자) 23p

한자 완성하기 3

 自습 / 自필 / 自유 / 自신감

한자 연결하기 4

국어 속 한자 찾기 5

自신감이 높을수록 유능한 사람일까? 심리학자들은 그렇지 않다고 말한다. 유능하면 自신감이 높아질 수는 있지만 自신감이 높다고 해서 유능한 건 아니라는 것이다. 능력이 부족한데도 自신감이 높은 사람은 오히려 自만하기 쉬워 自신의 능력을 객관적으로 自각하기 어렵다. 나는 어떤 유형의 사람일지 한 번쯤 自문해 보는 건 어떨까.

QUIZ 자유 자일 자습 자효 자부심 자질

 然 (연) 25p

한자 완성하기 3

자然 / 우然 / 천然 / 숙然

한자 연결하기 4

국어 속 한자 찾기 5

물이 낮은 곳으로 흐르거나 연기가 하늘로 피어오르는 自然 현상은 반드시 그렇게 되도록 정해져 있는 必然일까? 아니면 어쩌다 그렇게 된 偶然일까? 과학이 고도로 발달한 현대의 과학자들은 이처럼 當然해 보이는 自然 법칙에도 질서가 있다고 여겨 다양한 自然 현상을 설명하기 위한 연구를 활발히 진행하고 있다.

QUIZ 요연 막연 우연 공연 천연 숙연

方 (방) 27p

한자 완성하기 3

전方 / 方석 / 사方 / 처方전

한자 연결하기 4

국어 속 한자 찾기 5

넓은 영토를 다스려야 했던 중국의 왕은 수도와 그 근方을 제외한 나머지 地方을 통치할 方법을 찾기 위해 여러 方면으로 노력을 기울였다. 처음에는 왕의 친족들이 각 地方을 다스렸지만 문제가 끊이지 않자 方침을 바꾸어 중앙의 관료를 각 地方에 파견하여 다스리게 했다. 하지만 왕의 힘이 미치지 않는 邊方 지역은 늘 크고 작은 문제들이 발생해 왕의 근심도 끊일 날이 없었다.

QUIZ 발칙 진발 발언 발석 사발 가방

 平 (평) 29p

한자 완성하기 3

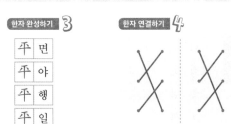
平면 / 平야 / 平행 / 平일

한자 연결하기 4

국어 속 한자 찾기 5

우리나라는 삼면이 바다로 둘러싸여 있어 물과 하늘이 만나는 水平선을 쉽게 볼 수 있다. 산지가 국토의 70퍼센트 이상을 차지하는 육지에서 하늘과 땅 끝이 만나는 地平선을 볼 수 있는 곳으로는 전라북도 김제의 '김제 平야'가 유일하다. 하늘과 땅이 平平하게 맞닿은 경계선이 멋진 풍경을 연출하는 이곳에서는 매년 9~10월에 '김제 地平선 축제'가 열린다.

QUIZ 평균 태평 평연 호평 수평선 평일

命 (명) 31p

한자 완성하기 3

수命 / 운命 / 임命 / 命령

한자 연결하기 4

국어 속 한자 찾기 5

예로부터 人命은 하늘에 달려 있고 壽命은 사람이 정할 수 없다는 믿음이 강했지만, 지금은 이런 인식이 바뀌고 있다. 치료 효과와 회복 가능성 없이 환자의 生命만을 연장시키는 무의미한 延命 치료를 환자 스스로 중단할 수 있도록 한 '웰다잉법'이 제정됐기 때문이다. 웰다잉법은 인간답게 품위를 지키며 존엄하게 생을 마감할 수 있는 권리를 보장한다는 의미로 '존엄사법'이라 부르기도 한다.

QUIZ 병명 수명 책명 숙명 명중 명령

便 편,변 33p

 한자 완성하기 3

간便
불便
便의점
便기

한자 연결하기 4

국어→한자 찾기 5

예전에는 한밤중에 어떤 물건이 급하게 필요해도 문을 연 상점이 없어 (불便)을 겪었다. 하지만 24시간 (便의점)이 생긴 후로는 언제든지 필요한 물건을 (간便)하게 구입할 수 있다. (한便)으로 보면 이러한 소비자의 (便리)는 (便의점)종사자가 야간에 제대로 잠을 자지 못하고 일하는 (불便)을 감수해 얻은 대가다. 다른 (한便)으론 소비자의 (불便)이 '야간 근로'라는 일자리 형태를 만든 것이기도 하다. 한쪽의 (便의)가 다른 쪽의 (불便)을 번갈아 맞바꾸는 셈이다.

QUIZ 편리 편법 변기 편지 간편 (장편)

安 안 35p

한자 완성하기 3

편安
安전
병문安
보安

한자 연결하기 4

국어→한자 찾기 5

(병문安)을 갈 때도 지켜야 할 예절이 있다. 우선 환자가 (편安)하게 (安정)을 취할 수 있도록 면회는 짧게 해야 한다. 부정적인 언행은 환자를 (불安)하게 할 수 있으므로 되도록 삼간다. 면회 전후에는 환자와 방문객 모두의 (安전)을 위해 손을 씻거나 손 소독제를 사용하여 혹시 모를 세균 감염을 예방해야 한다.

QUIZ 불안 (안방) 보안 안락 안도 치안

心 심 37p

한자 완성하기 3

心장
결心
중心
조心

한자 연결하기 4

국어→한자 찾기 5

(욕心) 많고 (조心)성 없는 (心술)꾸러기 나무 인형 피노키오는 사람이 되고 싶었습니다. (양心) 없는 서커스 단장의 꾀임에 빠졌을 때 피노키오를 구해준 푸른 요정은 진정한 용기를 보여야 사람이 될 수 있다고 말하지요. 피노키오는 자신을 만든 제페토 할아버지를 구하려 용기를 발휘해 고래 뱃속으로 뛰어들었습니다. 피노키오의 (진心)은 과연 푸른 요정에게 전해졌을까요?

QUIZ (실장) 관심 실술 결심 핵심 실장

漢 한 39p

한자 완성하기 3

漢자어
漢과
漢라산
漢강

한자 연결하기 4

국어→한자 찾기 5

세종대왕이 한글을 창제한 후에도 나라의 공식 문서는 여전히 (漢문)으로 쓰였다. 조선의 양반층인 사대부도 (漢시)를 즐겨 썼다. 한글은 반포 450년 후인 1894년에야 비로소 공식 문자인 '국문'으로 채택되었다. (漢자)와 (漢문)이 2천년 가까이 지배층의 언어로 자리 잡아 영향력을 행사한 결과 우리말의 70%퍼센트 이상을 (漢자어)가 차지하고 있다.

QUIZ 호한 한라산 한과 한문학 (한글) 무오한

字 자 41p

한자 완성하기 3

글字 문字
字판
천字문
활字

한자 연결하기 4

국어→한자 찾기 5

사람은 입으로 말하고 귀로 듣는다. 말을 눈으로 볼 수 있게 만든 기호가 (글字)다. 언어가 친숙하지 않은 외국 영화를 볼 때도 한글 (字막)을 보면 줄거리를 충분히 이해할 수 있다. 시각장애인들을 위한 기호 (문字)도 있다. 이들이 손가락으로 (글字)를 더듬어 촉각으로 읽을 수 있도록 만든 (문字)가 바로 (점字)다. (점字)는 볼록 튀어나온 6개의 점이 한 칸을 이루어 (문字)를 만들어 내는 특수 기호다.

QUIZ 점자 (의자) 활자 천자문 오자 자막

文 문 43p

한자 완성하기 3

한文
작文
文법
文서

한자 연결하기 4

국어→한자 찾기 5

(설명文)이나 (논설文)은 글쓴이의 주장을 간결하고 명확한 (文장)으로 표현해 상대방을 설득하는 글이다. 반면 시 같은 (文학)은 어떤 대상을 아름답고 감각적인 (文장)으로 표현해 정서를 자극하는 글이다. 하지만 (설명文)이나 (논설文)에서도 비유나 묘사 같은 (文학)적 장치를 통해 주장에 힘을 실을 수 있고 (文학)에서도 논리적이고 조리 있는 (文장)으로 감동을 배가시킬 수 있다.

QUIZ 문명 작문 예문 (가훈) 문법 문서

語 어 45p

한자 완성하기 3

국	語
단	語
영	語
검색	語

한자 연결하기 4

국어 속 한자 찾기 5

인터넷 포털 사이트는 실시간 **검색어** 순위를 보여준다. **영어**든 **국어**든 **외래어**든 사람들이 특정 시점에 가장 많이 검색한 **단어**의 순위가 실시간으로 매겨져 게시되는 것이다. **검색어** 순위를 보면 사람들이 관심을 두는 대상이나 **유행어**를 알 수 있다. 그러나 최근 상업적인 목적으로 **검색어**를 조작하는 사례가 적발되면서 순위의 공정성에 의문이 제기되기도 한다.

QUIZ 단어 / 동의어 / (어동) / 모국어 / 어감 / 국어

話 화 47p

한자 완성하기 3

대	話
동	話
신	話
수	話

한자 연결하기 4

국어 속 한자 찾기 5

신화나 **우화**를 읽어보면 등장인물이 아닌 **화자**가 이야기를 이끌어 가는 경우가 많다. 창작 **동화** 중에서도 주인공이 **화자**로 등장해 다른 등장인물과 **대화**하거나 등장인물들에 얽힌 이야기를 전하는 해설자 역할을 할 때가 있다. 글을 쓴 실제 작가와 작품 속 **화자**를 동일 인물로 생각하기 쉽지만 **화자**는 작가의 메시지를 대신 전달하는 가공의 인물이다.

QUIZ 화제 / 전화 / 일화 / 수화 / 회화 / (화재)

1~20일 한자확인하기 48~49p

1

天	地	海	江	川	電	氣	自
하늘 천	땅 지	바다 해	강 강	내 천	번개 전	기운 기	스스로 자

然	方	平	命	便	安	心	漢
그럴 연	모 방	평평할 평	목숨 명	똥오줌 변/편할 편	편안할 안	마음 심	한수/한나라 한

字	文	語	話
글자 자	글월 문	말씀 어	말씀 화

2

天	地	海	江	川	電	氣	自
하늘 천	땅 지	바다 해	강 강	내 천	번개 전	기운 기	스스로 자

然	方	平	命	便	安	心	漢
그럴 연	모 방	평평할 평	목숨 명	똥오줌 변/편할 편	편안할 안	마음 심	한수/한나라 한

字	文	語	話
글자 자	글월 문	말씀 어	말씀 화

3

天	地	海	江	川	電	氣	自
하늘 천	땅 지	바다 해	강 강	내 천	번개 전	기운 기	스스로 자

然	方	平	命	便	安	心	漢
그럴 연	모 방	평평할 평	목숨 명	똥오줌 변/편할 편	편안할 안	마음 심	한수/한나라 한

字	文	語	話
글자 자	글월 문	말씀 어	말씀 화

4 ➊ 電話 ➋ 電氣 ➌ 文字 ➍ 漢字

5 ③ 地 - 自 - 心

春 춘 51p

한자 완성하기 3

春	계
春	추복
春	설
春	곤증

한자 연결하기 4

국어 속 한자 찾기 5

입춘은 24절기의 첫 번째 절기로, **춘계**가 시작된다. 낮과 밤의 길이가 같아지는 **춘계**의 한가운데를 **춘분**이라고 한다. 매서운 겨울이 가고 **춘풍**이 부는 **입춘**이 돌아오면 올해 농사의 풍년을 기원하는 다양한 행사가 열린다. **춘분**이 지나면 논밭에 씨를 뿌린다. 꽃샘추위에 **춘설**이라도 내리면 땅속 씨앗이 얼까 걱정이지만 농민에게 봄은 언제나 반갑다.

QUIZ 회춘 / 춘곤증 / 신춘 / (숙춘) / 청춘 / 춘추복

夏 하 53p

한자 완성하기 3

夏	복
춘	夏	추동
夏	지
夏	곡

한자 연결하기 4

국어 속 한자 찾기 5

여름철을 이르는 한자어는 다양하다. **하기**는 '여름의 시기'라는 뜻으로 '기간'을 강조한 말이고, **하계**는 '계절이 여름인 동안'이라는 뜻으로 계절을 강조한 말이다. **하절기**는 '여름인 절기'를 뜻하며 '계절'과 '기간'을 함께 이르는 말이다. **하기**나 **하계**는 **하기** 방학, **하계** 방학처럼 서로 바꿔 쓸 수 있지만 '기간'을 강조할 때는 **하기**를, '계절'을 강조할 때는 **하계**를 써야 한다.

QUIZ 입하 / 하복 / 양하 / 춘하추동 / 하지 / (하천)

---

222 국어 속 한자

秋
추
55p

한자 완성하기 3

秋 수
춘 秋
秋 계
秋 석

한자 연결하기 4

국어속 한자 찾기 5

음력 8월 15일 秋석은 우리나라 4대 명절 중 하나로, 한 해 농사를 마무리하고 秋수한 秋곡과 수확한 햇과일을 나누어 먹으며 조상께 풍성한 결실을 감사드리는 날이다. 같은 날을 중국에서는 中秋절, 일본에서는 '오봉절'이라고 부른다. 中秋는 가을 석 달 중 한가운데에 있는 음력 8월이면서 8월의 한가운데인 15일에 든다는 의미로 붙은 이름이다. 한자 문화권에 속한 우리나라에서도 秋석을 中秋, 中秋절이라 부르기도 한다.

 QUIZ

추동 | **추억** | 춘추 | 만추 | 입추 | 추계

冬
동
57p

한자 완성하기 3

冬 면
冬 복
월 冬
冬 지

한자 연결하기 4

국어속 한자 찾기 5

冬절기는 음력 10월부터 12월까지 석 달을 가리킨다. 음력 10월에 드는 맹冬은 초겨울을, 음력 11월에 드는 중冬은 한겨울을, 음력 12월에 드는 계冬은 늦겨울을 이르는 말이다. 冬절기는 여섯 절기로 이루어져 있으며 겨울의 시작을 알리는 입冬, 첫눈이 내리는 때인 '소설', 눈이 가장 많이 내리는 때인 '대설', 밤이 가장 긴 冬지 '작은 추위'를 뜻하는 '소한', '큰 추위'를 뜻하는 '대한'으로 나뉜다.

QUIZ

동면 | 엄동 | 월동 | **해동** | 동목 | 동지

夕
석
59p

한자 완성하기 3

夕 식
夕 양
추 夕
추 夕 빔

한자 연결하기 4

국어속 한자 찾기 5

음력 7월 7일 칠夕 오늘은 견우가 조夕으로 기다려 온 날이다. 1년에 단 하루, 직녀와 만나는 날이기 때문이다. 서쪽 하늘이 夕양으로 물든 저녁, 은하 동쪽에 있는 견우는 은하수에 까마귀와 까치가 놓아준 '오작교'를 건너 은하 동쪽에서 온 직녀와 상봉한다. 견우와 직녀가 흘리는 기쁨과 슬픔의 눈물에 빗대 칠夕에 내리는 비를 칠夕水라고 부르기도 한다. 일부 지역에서는 칠월 칠夕이 되면 다양한 제사를 올려 하늘에 기원을 드리는 칠夕제를 연다.

QUIZ

조석 간만 | 추석빔 | 석음 | 석간 | **결석** | 석양

午
오
61p

한자 완성하기 3

午 전
午 밤 중
午 후
午 침 午 수

한자 연결하기 4

국어속 한자 찾기 5

밤 12시는 '자정'이라 부르고, 자정을 기점으로 그 이전을 저문 날, 그 이후를 새날로 본다. 한편 낮 12시는 정午라고 부르며, 그 이전을 午전 그 이후를 午후라고 한다. 시간 내에 따라 같은 행동을 이르는 말도 달라진다. 손님을 저녁에 초대하여 함께하는 식사는 '만찬', 낮에 초대하여 함께하는 식사는 午찬이라 부른다. 午밤중에 자는 잠은 '취침', 대낮에 자는 잠을 午수 또는 午침이라고 한다.

QUIZ

오시 | **오월** | 정오 | 오밤중 | 오찬회 | 오전반

前
전
63p

한자 완성하기 3

前 면
前 진
前 경
식 前

한자 연결하기 4

국어속 한자 찾기 5

풍선이 터지기 直前까지 빵빵하게 공기를 불어넣은 후 풍선 꼭지를 잡고 있다가 손을 놓으면 풍선은 꼭지 반대 방향으로 빠르게 날아간다. 공기를 밀어내는 힘으로 추진력을 얻은 풍선은 꼭지 반대 반향인 前면이 앞으로 나아간다. 빵빵하게 차 있던 공기가 빠져나가가며 풍선이 前진하듯 비행기나 로켓도 엔진이 내뿜는 가스로 추진력을 얻어 前진한다. 날아갈 힘을 얻는 원리가 같다는 말이다.

QUIZ

전후 | 직진 | **전통** | 전경 | 식전 | 이전

後
후
65p

한자 완성하기 3

後 문
後 식
後 배
방 과 後

한자 연결하기 4

국어속 한자 찾기 5

석유 고갈과 지구 온난화가 날이 갈수록 심각해지는 요즘, 현대인의 생활 방식이 우리 後손에게 삶에 어떤 영향을 미칠지 진지하게 고민해야 할 때다. 에너지 낭비와 이산화탄소 배출은 이미 큰 後유증을 낳고 있다. 後대에게 우리가 누리고 있는 아름다운 지구를 물려주기 위해서라도 친환경적인 생활방식으로 바꿔야 한다. 소중한 지구를 잃은 뒤에 後회해 봐야 이미 한참 늦은 뒤다.

QUIZ

후원 | 후식 | 직후 | **후보자** | 후회 | 후문

面 면 67p

한자 완성하기 3

面 도	
세 面 대	
가 面	
방 독 面	

한자 연결하기 4

국어⇔한자 찾기 5

원뿔은 밑면이 원이고 측면이 곡면으로 이루어진 뿔 모양의 입체 도형이다. 아이스크림콘이나 고깔모자의 모양이 원뿔을 닮았다. 음료수 캔 같은 원기둥은 밑면이 원이고 측면이 곡면이라는 점은 원뿔과 같지만 정면에서 볼 때 원뿔의 측면은 기울어진 반면 원기둥의 측면은 직선을 이룬다는 점에서 다르다.

QUIZ: 가면 / 연당 / 서면대 / (면역) / 정면 / 안면

内 내 69p

한자 완성하기 3

시 内	
안 内	
内 장	
실 内	

한자 연결하기 4

국어⇔한자 찾기 5

어니스트 헤밍웨이가 쓴 〈누구를 위하여 종은 울리나〉는 스페인 내전을 배경으로 한 소설이다. 그는 전쟁 상황을 보도하는 종군 기자로 활동하면서 스페인 내전을 취재하며 겪은 내용을 소설에 담아 전쟁의 실상과 폭력성을 고발했다. 스페인 내전은 나라 안팎으로 여러 어려움을 겪던 스페인의 장군 프랑코가 카나리아에서 반란을 일으키고 국내에서 육군이 호응하면서 시작되었다.

QUIZ: 시내 / (안내) / 원내 / 안내 / 실내 / 이내

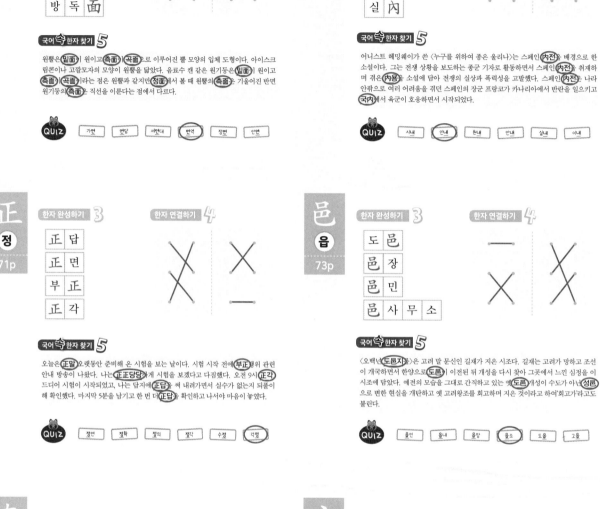

正 정 71p

한자 완성하기 3

正 답	
正 면	
부 正	
正 각	

한자 연결하기 4

국어⇔한자 찾기 5

오늘은 정말 오랫동안 준비해 온 시험을 보는 날이다. 시험 시작 전에 부정행위 관련 안내 방송이 나왔다. 나는 정정당당하게 시험을 보겠다고 다짐했다. 오전 9시 정각 드디어 시험이 시작되었고, 나는 답지에 정답을 써 내려가면서 실수가 없는지 되풀이해 확인했다. 마지막 5분을 남기고 한 번 더 정답을 확인하고 나서야 마음이 놓였다.

QUIZ: 정면 / 정확 / 정의 / 정각 / 수절 / (걱정)

邑 읍 73p

한자 완성하기 3

도 邑	
邑 장	
邑 민	
邑 사 무 소	

한자 연결하기 4

국어⇔한자 찾기 5

〈오백년 도읍지를〉은 고려 말 문신인 길재가 지은 시조다. 길재는 고려가 망하고 조선이 개국하면서 한양으로 도읍 이전된 뒤 개성을 다시 찾아 그곳에서 느낀 심정을 이 시조에 담았다. 예전의 모습을 그대로 간직하고 있는 옛 도읍 개성이 수도가 아닌 성읍으로 변한 현실을 개탄하고 옛 고려왕조를 회고하며 지은 것이라고 하여 '회고가'라고도 불린다.

QUIZ: 읍민 / 읍내 / 읍장 / (읍소) / 도읍 / 그읍

直 직 75p

한자 완성하기 3

直 선	
直 각	
直 진	
直 립	

한자 연결하기 4

국어⇔한자 찾기 5

두 직선이 만날 때 이루는 각도는 다양하다. 두 직선이 서로 포개지면 각도는 0도가 된다. 두 직선이 수직으로 만나 각도가 90도를 이루면 직각이라고 한다. 반면 두 직선이 서로 만나지 않고 나란히 놓이면 '평행'이라고 한다. 기차가 계속 직진하는 것도 두 철로가 만나지 않고 서로 평행하게 뻗어 나가기 때문이다.

QUIZ: 직행 / 직립 / 직전 / 정직 / (직원) / 직감

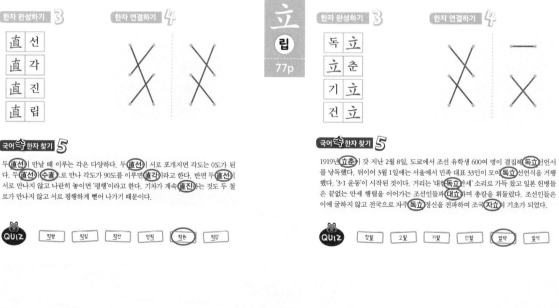

立 립 77p

한자 완성하기 3

독 立	
立 춘	
기 立	
건 立	

한자 연결하기 4

국어⇔한자 찾기 5

1919년 입춘이 지난 2월 8일, 도쿄에서 조선 유학생 600여 명이 결집해 독립선언서를 낭독했다. 뒤이어 3월 1일에는 서울에서 민족 대표 33인이 모여 독립선언식을 거행했다. '3·1 운동'이 시작된 것이다. 거리는 '대한 독립 만세' 소리로 가득 찼고 일본 헌병들은 끝없는 만세 행렬을 이어가는 조선인들과 대립하며 총칼을 휘둘렀다. 조선인들은 이에 굴하지 않고 전국으로 자주 독립정신을 전파하여 조국 자립의 기초가 되었다.

QUIZ: 창립 / 그립 / 기립 / 건립 / (입력) / 일식

휴 79p

한자 완성하기 3

연	休
休	개	소
休	가
休	전	선

한자 연결하기 4

국어속한자 찾기 5

지난 추석 연休 전날 경상남도의 한 초등학교에서 급식을 먹은 학생 중 92명이 복통, 구토, 설사 등 식중독 증세를 보여 병원 치료를 받았다. 환자들은 치료를 받고 귀가해 休食을 취하고 있으나 당분간 休養이 필요한 것으로 알려졌다. 학교 측은 급식을 중단하고 임시 休校에 들어갔으며 보건당국은 원인을 파악하기 위해 역학조사에 나섰다.

QUIZ 휴게소 | 휴우 | 휴학 | 휴가 | 휴전선 | (휴대)

지 81p

한자 완성하기 3

紙	폐
휴	紙
한	紙
봉	紙

한자 연결하기 4

국어속한자 찾기 5

술 선생님이 공지한 대로 학생들은 모자이크 수업에 필요한 종이를 다양하게 준비해 왔다. 대다수 학생이 色紙를 가져왔지만 특이한 재료를 가져온 학생들도 있었다. 민우는 한紙를, 봄이는 벽紙를 가져왔다. 휴紙와 과자 봉紙도 눈에 띄었다. 성우는 5만원짜리 紙幣를 가져와 모두를 놀라게 했다. 알고 보니 가수 얼굴이 그려진 가짜 紙幣였다.

QUIZ (잡지) | 시험지 | 편지 | 지면 | 용지 | 백지

색 83p

한자 완성하기 3

色	상
초	록	色
色	연	필
色	종	이

한자 연결하기 4

국어속한자 찾기 5

별이가 들어오자 엄마는 깜짝 놀랐다. 방학이 되면 염色을 해도 된다고 허락했지만 설마 초록色 머리를 하고 들어올 줄이야. 엄마는 놀란 기色을 애써 감추며 아무 내色도 하지 않고 아빠가 귀가하면 함께 타이르기로 했다. "아빠, 다녀오셨어요?" 하고 반갑게 맞이하는 별이를 본 아빠의 얼굴에 화色이 돈다. 엄마는 '아차' 싶었다. 아빠가 色盲이라는 사실을 깜빡 잊었던 것이다.

QUIZ 색소 | 기색 | 색상 | 색연필 | (검색) | 내색

등 85p

한자 완성하기 3

登	교
登	교	생
登	산
登	장

한자 연결하기 4

국어속한자 찾기 5

학교 앞 대로에서 정문을 거쳐 교실까지 가려면 가파른 언덕길을 걸어 올라가야 한다. 登校가 곧 登山인 셈이다. 오늘도 登山로(登山길)에는 登山객 登校생들이 줄지어 오르고 있다. 登頂에 성공해야 교실에 도착할 수 있으니 땀을 뻘뻘 흘리며 登反한다. 수업이 끝나면 학생들은 다시 登山객이 되어 삼삼오오 하산한다.

QUIZ 등장 | 등용 | 등록 | (신호등) | 등단 | 등정

주 87p

한자 완성하기 3

住	소
住	민
住	택
住	거

한자 연결하기 4

국어속한자 찾기 5

도시에 살던 봄이네 가족은 얼마 전 시골 마을로 이사했다. 부모님께서 오랫동안 꿈꿔온 전원住宅에 入住게 된 것이다. 봄이는 오늘 住所 이전 신청을 하러 住民센터로 향하는 어머니를 따라나섰다. 아버지는 가족이 安住할 수 있는 넉넉한 공간이 생겼다고 기뻐하셨다. 편리한 도시 생활에 익숙했던 봄이는 걱정 반, 기대 반으로 이곳에 居住하며 시작될 새로운 생활을 준비했다.

QUIZ 상주 | 주민 | (주말) | 영주 | 의식주 | 이주

주 89p

한자 완성하기 3

主	인
主	식
主	연
主	장

한자 연결하기 4

국어속한자 찾기 5

이번 연극 발표회에서 민우네 반은 반려견을 主제로 한 창작극을 준비하기로 했다. 主演인 강아지 '장금' 역은 성우가, 장금이의 견主 역은 봄이가 맡았다. 이번 연극은 반장인 민우가 主도적으로 이끌었지만 학우들 모두 主인의식을 갖고 적극적으로 참여했다. 준비 과정을 줄곧 지켜본 담임 선생님도 제자들이 화합하는 모습에 내심 흐뭇했다.

QUIZ 견주 | (주목) | 주혁 | 주식 | 주상 | 주관

1

春	夏	秋	冬	夕	午	前	後
봄 춘	여름 하	가을 추	겨울 동	저녁 석	낮 오	앞 전	뒤 후

面	內	正	邑	直	立	休	紙
낯 면	안 내	바를 정	고을 읍	곧을 직	설 립	쉴 휴	종이 지

色	登	住	主
빛 색	오를 등	살 주	임금/주인 주

2

春	夏	秋	冬	夕	午	前	後
봄 춘	여름 하	가을 추	겨울 동	저녁 석	낮 오	앞 전	뒤 후

面	內	正	邑	直	立	休	紙
낯 면	안 내	바를 정	고을 읍	곧을 직	설 립	쉴 휴	종이 지

色	登	住	主
빛 색	오를 등	살 주	임금/주인 주

3

春	夏	秋	冬	夕	午	前	後
봄 춘	여름 하	가을 추	겨울 동	저녁 석	낮 오	앞 전	뒤 후

面	內	正	邑	直	立	休	紙
낯 면	안 내	바를 정	고을 읍	곧을 직	설 립	쉴 휴	종이 지

色	登	住	主
빛 색	오를 등	살 주	임금/주인 주

4 ❶立春 ❷立夏 ❸立秋 ❹立冬

5 ④ 午 - 前 - 後

出 **출** 93p

한자 완성하기 3

외	出
出	입
수	出
탈	出

한자 연결하기 4

국어 ⇨ 한자 찾기 5

화가 이중섭은 일찍이 일본으로 건너가 도쿄에 위치한 문화학원 미술과에 **出석**하며 미술 공부를 마쳤다. 이중섭의 그림은 여러 미술전에 **出品**돼 크게 주목받았다. 귀국 후에는 일본인 여성과 원산에서 결혼해 원산사범학교에 **出근**하며 미술교사로 일했다. 한국전쟁이 발발하자 원산을 **탈出**해 제주도에 정착한 뒤로는 힘겹게 창작 활동을 이어갔다. 제주도 서귀포에는 그의 이름을 딴 거리와 미술관이 조성돼 있다.

 QUIZ 출제 (단출) 출입 제출 외출 출생

入 **입** 95p

한자 완성하기 3

入	구
入	국
入	장
入	상

한자 연결하기 4

국어 ⇨ 한자 찾기 5

안토닌 드보르자크는 미국 뉴욕 국립음악원장으로 취임한 후 교향곡 〈신세계로부터〉를 작곡했다. 이 곡을 처음 선보이기 위해 뉴욕 카네기홀에 **入장**한 그는 잠시 추억에 잠겼다. 프라하의 오르간 학교에 **入학**한 일과 체코 국립극장 단원이었지만 **수入**이 적어 궁핍하게 지내야 했던 시절, 〈슬라브 무곡집〉 악보를 출판하여 엄청난 성공을 거둔 기억까지. 미국에 **入국**한 지 이제 1년이 조금 넘었건만 그는 고국 체코로 돌아가고 싶은 마음이 간절했다.

 QUIZ 입장 침입 주입 몰입 입구 (일촌)

活 **활** 97p

한자 완성하기 3

생	活	
재	活	
부	活	
재	活	용

한자 연결하기 4

국어 ⇨ 한자 찾기 5

비가 내려 고인 빗물이 시내와 강으로 흘러들어 바닷물과 합쳐지면 바닷물은 태양열을 받아 증발하면서 구름을 형성해 다시 비로 변한다. 바닷물의 양이 변하지 않는 이유도 이처럼 물이 끊임없는 순환 **活동**을 하기 때문이다. 마찬가지로 **생活** 쓰레기를 다양하게 **재活용**하거나 재사용하는 방식으로 폐자원을 순환시키면 늘어나는 쓰레기 문제를 해결해줄 **活로**가 열릴 수도 있다. 지구에 새로운 **活력**을 불어넣는 열쇠가 바로 '순환'에 있다.

 QUIZ 재활 특활 활악 (교활) 부활 활동

力 **력** 99p

한자 완성하기 3

창	의	力
효	力	
부	力	
폭	力	

한자 연결하기 4

국어 ⇨ 한자 찾기 5

영국에서는 얼마 전 신체적 **폭力**뿐만 아니라 경제적·정신적 **폭力**까지 '가정 **폭力**'으로 인정하는 법안이 통과돼 즉각적인 **효力**을 기대하는 시민들의 관심이 쏠리고 있다. 가정 **폭力** 피해자는 가해자의 정신적 **영향力**에서 쉽게 벗어나지 못해 **무力감**을 느끼거나 가해자의 언어 **폭力**에 노출돼 스스로를 **무능力**하다고 여기는 경우가 많다. 가정 폭력 피해자에게 장기간의 심리 치료를 지원하는 것도 이들이 정신적 상처를 치유하고 자존감을 회복할 수 있도록 돕기 위해서다.

 QUIZ 동력 역장 (압력) 부력 실력 창의력

重
중
101p

重 요
重 력
체 重
重 상

국어속 한자 찾기 5

重력이란 질량이 있는 물체를 지구가 지표면 아래 방향, 즉 지구 중심으로 끌어당기는 힘을 말한다. 물건이 바닥으로 떨어지는 것도, 우리가 땅에 발을 붙이고 서 있는 것도 모두 重력 때문이다. 重력이 사라지면 어떻게 될까? 무重력 상태가 되면 우리는 체重을 느끼지 못하고 공중을 떠다닐 것이다. 이처럼 重력은 일상적으로 작용하고 있지만 그 힘을 실감하지 못하기 때문에 重요성을 잘 느끼지 못한다.

QUIZ 중복 (중심) 신중 체중 중상 중점

全
전
103p

한자 완성하기 3

全 신
全 력
全 액
全 집

한자 연결하기 4

국어속 한자 찾기 5

신라는 9세기 후반 진성 여왕 때 정치적·사회적 혼란이 정점에 달해 全국 각지에서 농민 봉기가 일어났다. 귀족층은 왕위 다툼에만 全력을 기울였고, 국가 재정이 파탄 나면서 나라 全체가 통제 불능 상태에 빠졌다. 거의 全량에 가까운 생산물을 세금으로 바쳐야 할 만큼 수탈이 극심해지자 농민들이 조세 납부를 거부하며 방방곡곡에서 반란을 일으켰다. 농민 봉기를 계기로 신라는 서서히 몰락하기 시작했다.

QUIZ (전쟁) 전신 전멸 안전 전집 전액

花
화
105p

한자 완성하기 3

花 분
花 초
花 환
국 花

한자 연결하기 4

국어속 한자 찾기 5

결혼식장이나 장례식장에 줄지어 늘어선 花환을 보면 생花인지 조花인지 분간하기가 어렵다. 조花 만드는 기술이 그만큼 정교해졌기 때문이다. 조花의 기원은 기원전 3,500년경 에게문명까지 거슬러 올라갈 정도로 역사가 오래됐다. 물을 주거나 신경 쓰지 않아도 그 모습을 유지한다는 장점이 있어 요즘에는 花단이나 花분에 생花 대신 조花가 심겨 있는 풍경도 심심찮게 마주친다.

QUIZ 헌화 화초 개화 화원 (화가) 국화

草
초
107p

한자 완성하기 3

잡 草
약 草
草 가
해 草

한자 연결하기 4

국어속 한자 찾기 5

여름날의 草원은 온통 草록으로 물들이는 이름 없는 풀들. 풀은 바람이 불면 낮게 누워 버리고 어쩌다 밟히기라도 하면 힘없이 꺾이고 만다. 이처럼 하찮고 연약한 풀을 흔히 잡草라고 낮잡아 부른다. 하지만 잡草는 그 어떤 풀보다 생명력이 강하다. 강인한 생명력으로 매년 무성하게 자라나는 잡草가 백성의 기질과 비슷하다 하여 흔히 민草라는 표현을 쓴다. 하지만 이 말이 일본식 한자어라는 사실을 아는 사람은 그리 많지 않다.

QUIZ 해초 초고 초록 초식동물 약초 (초보)

育
육
109p

한자 완성하기 3

育 아
교 育
체 育
체 育 복

한자 연결하기 4

국어속 한자 찾기 5

최근 어린이집 등 영유아 보育育아 서비스를 제공하는 기관에서 체育 프로그램이 눈에 띄게 늘고 있다. 신체를 단련하는 활동인 체育은 지식이나 도덕을 함양하는 교育에 비해 소홀히 하는 경향이 있다. 하지만 뇌과학 연구를 통해 아동의 학습 능력이 신체 발育과 밀접한 관련이 있다는 사실이 밝혀지면서 교育 과정에서 체育의 중요성도 새삼 주목받고 있다.

QUIZ 발육 생육 체육복 (육체) 훈육 사육

不
불
111p

한자 완성하기 3

不 안
不 법
不 량
不 만

한자 연결하기 4

국어속 한자 찾기 5

'태어나면서부터 죽을 때까지 평생'을 뜻하는 '요람에서 무덤까지'라는 표현은 영국의 정당이 2차 세계대전 이후 만연한 不안·不편·不만 요소를 해결하기 위해 사회보장제도 확대를 주장하며 쓴 구호다. 국민이 不신하면 국가의 존립도 위태로워진다. 不족한 재정을 확충하고 不당하고 不법적인 관행을 없애 국민의 삶의 질을 높인다면 언제고 신뢰받는 정부가 될 수 있다.

QUIZ 부당 불매 부족 불의 (불고) 불량

飲 (음) 113p

한자 완성하기 3

飲식 / 飲식점 / 飲료 / 飲주

한자 연결하기 4

국어 속 한자 찾기 5

飮식 중 사람이 마실 수 있는 액체를 飮료라고 한다. 그중에서도 인간 생존에 필수인 飮료는 물이다. 그런데 요즘은 물 대신 탄산 飮료를 더 자주 飮용하는 사람들이 늘고 있다. 탄산 飮료의 단맛에 중독되면 비만, 당뇨병 등을 유발할 飮주만큼 몸에 해롭다.

QUIZ: 음수대 / 식용료 / 미용 / **발음** / 음독 / 시음

綠 (록) 115p

한자 완성하기 3

綠색 / 綠차 / 綠즙 / 綠조

한자 연결하기 4

국어 속 한자 찾기 5

여름은 草綠의 계절이다. 綠음이 우거진 산림은 건강에 좋은 피톤치드를 내뿜는다. 피톤치드 농도는 엽綠소 양이 많아지는 여름철에 가장 높다. 여름에는 건물이 밀집한 도심 지역에서 한낮 기온을 낮추기 위해 綠지를 조성하기도 한다.

QUIZ: 녹색 / 상록수 / **녹화** / 녹차 / 엽록소 / 녹조

米 (미) 117p

한자 완성하기 3

백米 / 현米 / 흑米 / 米음

한자 연결하기 4

국어 속 한자 찾기 5

백米는 하얀 쌀을, 현米는 누르스름한 쌀을 말한다. '쌀의 빛깔'이라는 뜻의 米색은 백米가 아닌 현米의 색을 가리킨다. 정米소에서 쌀겨를 깎아 정제한 흰색 쌀인 백米는 부드럽고 맛이 좋지만 영양가가 떨어진다. 반면 현米에는 영양이 풍부한 쌀겨가 살아있어 건강에 좋다. 하지만 식감이 거칠어 소화시키기 어려운 경우도 있다. 그럴 때는 현米로 죽이나 米음을 끓여 먹으면 도움이 된다.

QUIZ: 정면 / **흥면** / 메주 / 공양면 / 흑면 / 미음

身 (신) 119p

한자 완성하기 3

자身 / 장身 / 호身술 / 身분

한자 연결하기 4

 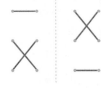

국어 속 한자 찾기 5

카포에이라(Capoeira)는 브라질로 끌려온 아프리카 출身 노예들이 자身을 보호하기 위해 만든 무술을 말한다. 이들은 노예라는 身분 때문에 자身의 소유주 몰래 호身술을 익혀야 했다. 그래서 무술처럼 보이지 않도록 음악에 맞춰 춤을 추는 것처럼 가장했다. 손 대身 발을 많이 써 발차기 기술이 화려한 카포에이라는 심身 단련 효과가 탁월해 특히 젊은이들 사이에서 주목을 받고 있다.

QUIZ: 심신 / 헌신 / 망신 / **귀신** / 호신술 / 조신

體 (체) 121p

한자 완성하기 3

신體 / 體력 / 體조 / 體온계

한자 연결하기 4

국어 속 한자 찾기 5

흔히 體격이 좋은 사람은 體력도 좋다고 생각하지만 늘 그런 건 아니다. 體격은 골격 등의 외형이나 외적인 형體를 가리키고 體력은 신體가 활동할 수 있는 힘을 말한다. 體구는 體격과 마찬가지로 '몸집'을 뜻하는 말이다. 한편 體질은 몸의 크기나 형體가 아닌 타고난 몸의 성질을 말한다.

QUIZ: 단체 / 체조 / 체질 / 체온계 / **창체** / 체험

代 (대) 123p

한자 완성하기 3

세代 / 代신 / 代표 / 代가

한자 연결하기 4

국어 속 한자 찾기 5

현代 민주주의 국가에서는 국민이 자신을 代신하여 국가의 의사를 결정할 사람을 뽑는 직접 선거를 통해 정치에 참여한다. 선출된 대통령과 국회의원은 국민을 代표해 국정을 운영한다. 따라서 각 세代와 공동체의 생각을 가장 잘 代변해줄 수 있는 전문 代리인을 선출하기 위해 투표권을 행사하는 것이다.

QUIZ: 세대 / 대표 / 대가 / 교대 / 대행 / **대화**

醫 의 125p

醫사
醫원
수醫사
醫약품

국어 속 한자 찾기 5

醫사는 주로 병원이나 醫원에서 서양 醫학과 양약으로 질병을 치료하는 사람을 말한다. 醫사 앞에 '우리나라'를 뜻하는 '한국 한(韓)'을 붙인 한醫사는 우리나라 고유의 전통 醫학인 한醫학 이론을 바탕으로 한醫원에서 醫술을 펴는 사람을 가리킨다. 한편 '짐승 수(獸)'를 쓴 수醫사는 동물을 치료하기 위한 醫료 행위를 하는 사람을 가리킨다.

 QUIZ
의료 | 명의 | 전문의 | 의술 | (의원) | 수의사

藥 약 127p

치藥
藥수
藥사
藥국

국어 속 한자 찾기 5

藥은 주로 병이나 상처를 치료할 목적으로 먹거나 바르는 물질을 말한다. 하지만 치藥이나 농藥처럼 이를 닦거나 해충을 잡을 때 쓰는 물질도 藥이라 부르기도 한다. 보藥은 허약한 몸을 회복시키고 건강을 유지하도록 돕는 藥이고 藥수는 藥효가 있는 샘물을 가리키는 말이다. 건강 식품으로 알려져 있는 인삼은 藥초라고 부른다.

 QUIZ
묘약 | 치약 | 약국 | 보약 | 제약 | (한약)

病 병 129p

病균
病원
病실
病자

국어 속 한자 찾기 5

오늘날 病원에서는 환자를 치료하는 데 첨단 과학을 이용한다. 질病의 원인을 밝혀내거나 치료제를 만드는 데도 3D 프린팅, 로봇 수술, 인공지능 등 최첨단 기술을 동원한다. 원인을 명확히 찾지 못하는 난치病도 보다 정밀하고 정확하게 진단해 病의 원인을 파악할 수 있는 길이 열린 것이다. 첨단 생명공학 기술은 각종 病균에 감염돼 생기는 다양한 전염病의 치료법 개발에도 이용되고 있다.

 QUIZ
투병 | 병균 | (병탈) | 지병 | 간병 | 병실

死 사 131p

死망
생死
死형
死상자

국어 속 한자 찾기 5

어제 화학공장 화재 사고로 30명의 死상자가 발생했다. 인근 병원에 실려 간 부상자 중 오늘 중환자실로 옮겨진 25세 여성은 현재 死경을 헤매고 있다. 이 병원에 실려 온 다른 부상자들도 생死를 건 死투를 벌이고 있다. 이들은 死력을 다해 가까스로 화재 현장에서 빠져나왔지만, 미처 대피하지 못한 두 명은 결국 死망했다.

 QUIZ
사수 | 익사 | 산행 | 등산 | (사고) | 산정

 41~60일 한자확인하기 132~133p

1

出	入	活	力	重	全	花	草
날 출	들 입	살 활	힘 력	무거울 중	온전 전	꽃 화	풀 초

育	不	飮	綠	米	身	體	代
기를 육	아닐 불	마실 음	푸를 록	쌀 미	몸 신	몸 체	대신할 대

醫	藥	病	死
의원 의	약 약	병 병	죽을 사

2

出	入	活	力	重	全	花	草
날 출	들 입	살 활	힘 력	무거울 중	온전 전	꽃 화	풀 초

育	不	飮	綠	米	身	體	代
기를 육	아닐 불	마실 음	푸를 록	쌀 미	몸 신	몸 체	대신할 대

醫	藥	病	死
의원 의	약 약	병 병	죽을 사

3

出	入	活	力	重	全	花	草
날 출	들 입	살 활	힘 력	무거울 중	온전 전	꽃 화	풀 초

育	不	飮	綠	米	身	體	代
기를 육	아닐 불	마실 음	푸를 록	쌀 미	몸 신	몸 체	대신할 대

醫	藥	病	死
의원 의	약 약	병 병	죽을 사

4
① 出身 ② 活力
③ 體重 ④ 死活

5
④
醫 - 出 - 綠

圖
도
135p

한자 완성하기 3

圖 서
圖 서 관
圖 화 지
노 선 圖

한자 연결하기 4

국어 속 한자 찾기 5

먼저 내가 살고 싶은 마을을 머릿속에 그려보자. 마을의 전체적인 분위기를 떠올려 대략적인 **구圖**를 잡은 뒤 큰 **圖화지**에 마을에 필요한 시설물을 간단한 **圖형**으로 대강 나타내 본다. **圖서관**이나 학교, 공공시설, 버스나 지하철 같은 교통수단, 공원이나 휴식 공간 등의 편의 시설을 차례로 그려 넣는 다음 처음에 **의圖**한 마을의 모습과 비슷한지 점점해 본다.

QUIZ 약도 도표 도서 도형 (도시)  도화지

形
형
137p

한자 완성하기 3

形 상
원 形
구 形
지 形

한자 연결하기 4

국어 속 한자 찾기 5

원形 또는 정사각形 같은 평면**도形**이나 **구形**이나 정육면체 같은 입체**도形**으로 **변形**할 수 있다. 원은 지름을 축으로 회전시키면 공 모양의 **구形**이 된다. 바닥에 놓여 있는 정사각形은 밑변을 축으로 수직으로 세우면 정육면체 **形태**가 된다. 이처럼 면으로 이루어진 2차원 평면**도形**에 '공간'이라는 차원을 더하면 3차원 입체**도形**으로 **形상**이 바뀐다.

QUIZ 원형 변형 지형 형편 형성  (형제)

角
각
139p

한자 완성하기 3

角 도
삼 角
角 목
角 설 탕

한자 연결하기 4

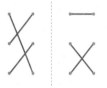

국어 속 한자 찾기 5

우리가 알고 있는 극지는 '빙산의 **일角**'일지도 모른다. 극지방에는 전 세계에서 모여든 과학자들이 기후 변화의 원인과 해양 자원을 **다角도**로 탐구하고 있다. 극지 연구에서는 일부 선진국들이 먼저 **두角**을 보였고 우리나라도 남극에 세종 기지를, 북극에 다산 기지를 세우면서 **角축**전에 뛰어들었다. 극지 연구는 환경 문제와 자원 개발 문제를 폭넓은 **시角**에서 바라볼 수 있게 해 주는 유망 분야다.

QUIZ (생각) 각설탕 예각 일각 각도  삼각

章
장
141p

한자 완성하기 3

문 章
도 章
훈 章
악 章

한자 연결하기 4

국어 속 한자 찾기 5

좋은 **문章**은 좋은 글감과 단련된 **문章력**에서 나온다. 좋은 글감을 고르려면 평소 좋은 글을 많이 읽어야 한다. 고전 **명문章**을 읽으면 글감을 찾는 데 영감을 얻을 수 있고 사고력도 키울 수 있다. 하지만 **문章력**은 독서만으로는 늘지 않는다. 뛰어난 **문章가**들이 조언하듯 꾸준히 글을 쓰는 훈련을 해야 명문을 지을 수 있다.

QUIZ 악장 체력장 지장 완장  (장군) 도장

度
도,탁
143p

한자 완성하기 3

온 度
습 度
법 度
정 度

한자 연결하기 4

국어 속 한자 찾기 5

실내에 머무는 시간이 많은 겨울에는 건강에 더 유의해야 한다. 실내 **온度**는 18~20度로 너무 덥지 않게 유지하되 날씨가 건조해 피부가 메마르기 쉬우니 **습度** 조절에도 신경을 써야 한다. **과度**한 운동은 오히려 부상을 유발할 수 있으므로 일주일에 3회 20분 **정度**로 시작하고, 몸이 적응하면 **빈度**를 주 5회까지 늘리거나 자신의 체력 수준에 맞게 서서히 운동 **강度**를 높인다.

QUIZ 빈도 진도 촌탁 국도 제도  (도구)

球
구
145p

한자 완성하기 3

축 球
농 球
야 球
지 球

한자 연결하기 4

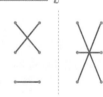

국어 속 한자 찾기 5

축球, 야球, 농球 등 주요 **球기** 종목에 속한 프로 **球단** 선수들은 새로운 시즌을 앞두고 전지훈련을 떠난다. 국내에서는 최적의 전지훈련 장소로 전남이나 경남, 제주도 일부 지역이 흔히 꼽힌다. 해외 전지훈련 장소로는 적도 부근 동남아시아 국가나 적도를 기준으로 **지球** 반대쪽에 자리해 서로 기후가 정반대인 **북반球**의 유럽 또는 남반球의 뉴질랜드, 호주 등지를 찾는다.

QUIZ 지구 구기 시구  (구령) 농구 안구

多 다 147p

한자 완성하기 3

多량
多양
과多
多문화

한자 연결하기 4

국어 속 한자 찾기 5

봄이네 학교에서는 매년 (多독) 대회를 한다. 작년에는 민우가 역대 (最多) 독서를 한 (多독)왕이 되었다. 민우는 과학, 역사, 문학 등 (多양)한 종류의 책을 읽었다고 한다. 봄이를 비롯한 (多수) 학생들이 (多독) 대회에 참여하여 한 해 동안 많은 책을 읽었다. 선생님께서는 어렸을 때 읽은 책은 오랫동안 기억에 남으므로 초등학생 때 책을 많이 읽는 것이 좋다고 말씀하셨다.

QUIZ
다문화 | 다량 | 과다 | 다동 | 다재다능 | 다량

幸 행 149p

한자 완성하기 3

幸복
幸운
요幸
불幸

한자 연결하기 4

국어 속 한자 찾기 5

마음이 통하는 좋은 친구를 만날 때, 가족과 맛도 좋고 건강에도 좋은 음식을 먹을 때, 다른 사람을 (幸복)하게 해 줄 때 우리는 (幸복감)을 느낀다. 그러고 보면 (幸불幸)이란 나 혼자만의 문제가 아니라 다른 사람들과의 건강한 관계를 통해 저절로 생겨나는 감정이 아닐까 싶다. (요幸)이나 (천幸)을 바라지 않고 진심을 다해 좋은 인간관계를 만들어 나가는 사람이야말로 진정한 (幸운아)다.

QUIZ
천만다행 | 행복 | 불행 | 행운아 | 행동 | 요행

頭 두 151p

한자 완성하기 3

頭통
頭뇌
頭건
頭발

한자 연결하기 4

국어 속 한자 찾기 5

글의 (서頭)로 이랬다. "인간이 가장 우월한 생명체라는 믿음은 근거 없는 주장이다." 성우는 의아했다. 인간이 고도의 정신문화를 이룩하고 이를 전승할 수 있는 건 인간의 (頭뇌)가 제일 우수해서라고 배웠기 때문이다. (頭통)이 느껴질 정도로 깊은 생각에 (몰頭)하다 보니 문득 선생님의 말씀이 떠올랐다. 자연 파괴를 일삼는 구실로 이용되는 인간 우월주의에 대한 비판이 (대頭)하고 있다고 얘기하신 기억이 난 것이다.

QUIZ
두건 | 염두 | 용두 | 두부 | 두발 | 선두

意 의 153p

한자 완성하기 3

意지
고意
호意
창意적

한자 연결하기 4

국어 속 한자 찾기 5

학교에서 열리는 발명 대회에 참가하게 된 진호는 우승을 향한 (意지)가 가득했다. 좀 더 (창意적)인 발명품을 만들기 위해 고민하던 중 같은 반 친구 민지도 참가한다는 것을 알게 되었다. 진호는 민지와 한 팀을 이뤄 참가하면 좀 더 나은 결과를 얻을 수 있겠다는 생각에 민지에게 함께 대회에 참가하지 않겠냐고 자신의 (意도)를 전했다. 거절하지는 않을까 하는 걱정과 달리 민지는 (意외)로 쉽게 진호의 (意견)을 받아들였다.

QUIZ
고의 | 의지 | 주의 | 호의 | 의심 | 성의

向 향 155p

한자 완성하기 3

상向
向상
취向
풍向

한자 연결하기 4

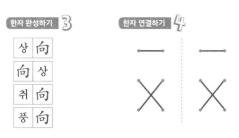

국어 속 한자 찾기 5

내성적인 성격을 극복해야 된다고 생각하는 사람들이 많다. 자신을 드러내고 매사에 적극성을 보여야 살아남는 경쟁사회에서는 (외向)적인 성격을 긍정적으로 보고 우대하는 (경向)이 있다. 하지만 이처럼 (편向)된 시각은 (내向성)이 교정해야 할 (성向)이라는 편견을 만들어 낸다. 사람마다 (취向)이 다르듯 (성向)도 저마다 다양하다. 그러므로 자신의 (성向)에 맞게 각자의 능력을 (向상)시켜 나가면 되는 것이다.

QUIZ
취향 | 향수 | 풍향 | 지향 | 상향 | 향방

注 주 157p

한자 완성하기 3

注문
注의력
注사기
注유

한자 연결하기 4

국어 속 한자 찾기 5

오늘은 예방 접종이 있는 날이다. 민우는 (注사)가 무섭다. (注사기)바늘이 피부를 뚫고 들어갈 때는 꽤나 오싹해진다. 약물이 몸속으로 (注입)될 때도 어쩐지 불쾌한 느낌이 든다. 오늘은 되도록 (注신)바늘이 들어갈 때 똑바로 (注시)하지 않고 딴 데 신경을 돌려봐야겠다. 드디어 민우 차례다. 민우의 작전은 성공할 수 있을까?

QUIZ
부주의 | 주의력 | 요주의 | 주문 | 주인 | 주목

油 (유) 159p

한자 완성하기 3

油류비 / 油분 / 식용油 / 油조선

한자 연결하기 4

국어 속 한자 찾기 5

우리나라는 기름이 나지 않아 原油를 油조선에 실어 먼 나라에서 수입해 온다. 우리나라가 産油國이 된다면 어떻게 될까? 油전이 개발되고 석油나 천연가스가 나온다면 어떨까? 油가가 내려가고 난방비나 자동차 油류비가 줄어들까? 아니면 사람들이 오히려 더 마음껏 쓰게 될까? 중요한 건 석油 소비는 비용 문제가 아니라 환경 문제라는 점이다.

QUIZ: 유학 / 주유소 / 유분 / 유화 / 유류비 / 식용유

石 (석) 161p

한자 완성하기 3

화石 / 자石 / 보石 / 石탄

한자 연결하기 4

국어 속 한자 찾기 5

화石은 아주 오랜 옛날 지구의 모습을 연구하는 데 중요한 자료이다. 이를 바탕으로 한 化石 연구는 石유나 石탄 같은 화石 연료와 기타 천연 광물을 찾는 데 이용되기도 한다. 다이아몬드의 原石은 金剛石으로 순수한 탄소로 구성된 광물이다. 이 광물은 값비싼 보石이 되기도 하지만, 매우 단단하기 때문에 공업 원료로 사용되기도 한다.

QUIZ: 원석 / 석기 / 화석 / 옥석 / 자석 / 운석

定 (정) 163p

한자 완성하기 3

결定 / 定가 / 고定 / 판定

한자 연결하기 4

국어 속 한자 찾기 5

이번 레슬링 경기는 우리 쪽이 우세하다고 斷定할 수 없었다. 일본 선수는 반드시 이기겠다고 作定하고 나온 듯했다. 승패를 決定하기 힘든 박빙의 승부가 펼쳐졌다. 둘 다 規定을 잘 지키며 정정당당하게 겨뤘다. 경기가 종료되자 양 선수는 심판의 判定을 기다렸다. 드디어 우승자가 確定되는 순간이다. 이번 경기는 세계 챔피언으로 認定받을 수 있는 절호의 기회였다.

QUIZ: 고정 / 확정 / 일정 / 인정 / 정가 / 과정

科 (과) 165p

한자 완성하기 3

교科서 / 이科 / 문科 / 科학도

한자 연결하기 4

국어 속 한자 찾기 5

유미가 제일 좋아하는 科목은 科학이다. 科학 교科서를 얼마나 자주 읽었는지 손때가 묻어 너덜너덜하다. 이번 여름 방학 과제도 흥미에 맞게 科학 탐구 보고서를 준비 중이다. 유미는 나중에 工科 대학에 진학해 科학도가 되는 것이 꿈이다. 그래서 고등학생이 되면 理科를 선택할 계획이다.

QUIZ: 문과 / 과외 / 전과자 / 외과 / 과목 / 학과

目 (목) 167p

한자 완성하기 3

항目 / 目격 / 目례 / 目표

한자 연결하기 4

국어 속 한자 찾기 5

영화감독이 되고 싶은 현지는 目표 달성을 위해 해야 할 일을 몇 가지 항目으로 정리했다. 우선 영화감독의 德目 중 1순위는 영화를 보는 안目을 넓히는 것이다. 현지는 실천 目록 맨 위에 '매일 한 편씩 영화 보기'라고 적었다. 현지는 한국 영화에 전 세계의 이目을 집중시킨 봉준호 감독처럼 언젠가 영화계에서 注目받는 감독으로 성장하는 모습을 머릿속에 그려 보았다.

QUIZ: 목적 / 목격 / 항목 / 안목 / 목례 / 목석

題 (제) 169p

한자 완성하기 3

문題 / 출題 / 숙題 / 화題

한자 연결하기 4

국어 속 한자 찾기 5

어제는 선생님께서 추천해 주신 〈아버지의 국밥〉을 읽었다. 처음엔 題목만 보고 국밥집을 운영하는 아버지 이야기인줄로만 알았다. 막상 읽어보니 한국전쟁을 배경으로 한 감동적인 가족 이야기였다. 겨울방학 독후감 宿題로 이 책으로 쓰면 어떨까 싶었다. 먼저 '국밥 제사에 담긴 사연'이라고 題目을 붙인 다음, '따뜻한 가족 이야기'라는 副題를 달아 줄거리를 짜 보았다.

QUIZ: 무제 / 제목 / 과제 / 부제 / 출제 / 화제

溫 (온) 171p

한자 완성하기 3

고 溫
溫 천
溫 수
溫 난 화

한자 연결하기 4

국어 속 한자 찾기 5

지구 溫난화가 가속화되고 있다. 이런 전 지구적 氣溫 상승 현상은 화석 연료 소비와 공장식 축산으로 배출되는 이산화탄소가 만들어 낸 溫실 효과의 결과다. 溫난화 현상은 바닷물의 水溫을 상승시키고 극지방의 얼음을 녹게 해 해양 생태계도 빠르게 변화시키고 있다. 겨울철 氣溫이 평년보다 높은 이상 高溫 현상과 이상 한파도 溫난화가 일으킨 기후 변화다.

QUIZ 평온강 / 온수 / 기온 / 보온병 / 온정 / 온천

消 (소) 173p

한자 완성하기 3

消 비
消 독
消 화 제
消 방 관

한자 연결하기 4

국어 속 한자 찾기 5

消방관으로 근무하시는 아빠가 뜻밖의 부상을 당하셨다. 심각한 부상은 아니지만 의사는 오랫동안 쌓여 있던 피로를 解消하는 시간도 가질 겸 당분간 휴식과 안정을 취하라고 하셨다. 엄마는 가게 수입이 줄어들었으니 消비를 줄이자고 말씀하셨다. 우리 가족은 각종 통신 요금과 전기, 가스, 수도를 절약하고 消모품은 꼭 필요한 것이 아니면 사지 않았다. 오랫동안 계획했던 가족 여행도 取消했다.

QUIZ 소멸 / 소리 / 해소 / 소비자 / 소동 / 소식

61~80일 한자 확인하기 174~175p

1

圖	形	角	章	度	球	多	幸
그림 도	모양 형	뿔 각	글 장	법도 도/헤아릴 탁	공 구	많을 다	다행 행

頭	意	向	注	油	石	定	科
머리 두	뜻 의	향할 향	부을 주	기름 유	돌 석	정할 정	과목 과

目	題	溫	消
눈 목	제목 제	따뜻할 온	사라질 소

2

圖	形	角	章	度	球	多	幸
그림 도	모양 형	뿔 각	글 장	법도 도/헤아릴 탁	공 구	많을 다	다행 행

頭	意	向	注	油	石	定	科
머리 두	뜻 의	향할 향	부을 주	기름 유	돌 석	정할 정	과목 과

目	題	溫	消
눈 목	제목 제	따뜻할 온	사라질 소

3

圖	形	角	章	度	球	多	幸
그림 도	모양 형	뿔 각	글 장	법도 도/헤아릴 탁	공 구	많을 다	다행 행

頭	意	向	注	油	石	定	科
머리 두	뜻 의	향할 향	부을 주	기름 유	돌 석	정할 정	과목 과

目	題	溫	消
눈 목	제목 제	따뜻할 온	사라질 소

4
① 圖形 ② 角度 ③ 注意 ④ 注目

5
② 頭 - 球 - 定

區 (구) 177p

한자 완성하기 3

區 민
區 청
區 분
區 간

한자 연결하기 4

국어 속 한자 찾기 5

새로 취임한 區청장은 區민 특히 어린이의 문화 활동에 관심이 많다. 區청장은 취임한 후 어린이가 편리하고 저렴하게 이용할 수 있는 區립 어린이 도서관도 새롭게 개관했다. 이 도서관은 어린이들의 동선을 고려해 실내 공간을 나누고, 도서 성격에 따라서가도 효과적으로 區분해 놓았다. 주변 1km 區간에는 산책로를 만들어 어린이들이 부모님과 함께 산책도 즐길 수 있다.

QUIZ 구별 / 구청 / 구분 / 특구 / 구정 / 구역

分 (분) 179p

한자 완성하기 3

성 分
分 리
分 해
分 석

한자 연결하기 4

국어 속 한자 찾기 5

오늘은 같은 반 친구들과 병원에서 배식 봉사 활동을 했다. 배식 담당과 수거 담당으로 역할을 分담한 후 봉사를 시작했다. 300명 分량의 환자식은 일반식과 치료식으로 區분해 있었다. 두 식단 모두 환자의 상태와 질병을 分석해 영양소를 고루 섭취할 수 있도록 짜여있긴 하지만, 항암치료식, 당뇨식 등의 치료식은 의사의 처방에 따라 질환의 특성에 맞게 보다 엄격하게 조절된 식사였다.

QUIZ 분석 / 분해 / 분단 / 분리 / 분노 / 성분

明 명 181p

한자 완성하기 3

설明　투明　明암　조明

한자 연결하기 4

국어 속 한자 찾기 5

오늘 미술 선생님이 구형을 입체적으로 그리는 방법을 **설明**해 주셨다. **조明**의 빛이 직접 닿는 부분이 가장 밝고 그렇지 않은 부분이 가장 어둡기 때문에 빛에 따라 변화하는 **明암**의 단계를 **분明**하게 표현해야 좀 더 입체적인 느낌을 살릴 수 있다고 말씀하셨다. 그러면서 가장 밝은 부분에서 가장 어두운 부분으로 이동할 때는 **明도**를 낮춰 가며 서서히 어둡게 그리고, 구형이 바닥과 맞닿는 곳은 빛이 반사되기 때문에 조금 밝게 그려야 한다고 덧붙이셨다.

QUIZ　총명　⟨운명⟩　번명　투명　해명　명암,

野 야 183p

한자 완성하기 3

野채　野외　野수　野영

한자 연결하기 4

국어 속 한자 찾기 5

오늘은 **野외** 수업이 있는 날이다. 우리 반은 지난달부터 매주 한 번씩 학교 뒤 **野산**에서 **野생** 식물을 관찰하고 탐구일지를 쓰는 수업을 하고 있다. 몇 년 전까지는 여기서 **野영**도 했다고 한다. 동네 사람들이 삼삼오오 **野유회**를 즐기는 풍경도 종종 눈에 띈다. 요즘은 **野외** 수업이 기다려진다. 야트막한 산이지만 동네가 한눈에 내려다보일 만큼 **시野**가 확 트여 기분이 상쾌해지기 때문이다.

QUIZ　야수　야유회　⟨야간⟩　분야　황야　야생화

清 청 185p

한자 완성하기 3

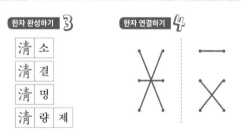

清소　清결　清명　清량제

한자 연결하기 4

국어 속 한자 찾기 5

우리 엄마는 시청에서 근무하신다. 그곳에서 '**清렴** 공무원상'을 3번이나 수상하실 정도로 **清빈**한 공직 생활을 하고 계신다. **清정**한 마음은 **清결**한 환경에서 나온다는 엄마의 신조에 따라 우리 가족은 집안 **清소**도 자주 한다. 집안을 정리하고 나면 마음까지 깨끗해지는 기분이 들어 일주일에 한 번씩 하는 대**清소**를 **清량제**처럼 느껴진다.

QUIZ　⟨청춘⟩　청량제　청산　청아　청순　청명

英 영 187p

한자 완성하기 3

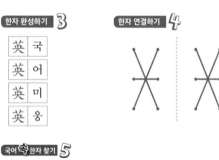

英국　英어　英미　英웅

한자 연결하기 4

국어 속 한자 찾기 5

시골에서 사교육을 받지 않고 자란 호준이는 **英특**하기로 소문난 **英어 英재**이자 **英민**하고 총명해 어려서부터 신동 소리를 들었다. 각종 **英어** 경시대회에 참가해 **英예** 대상도 여러 차례 수상했다. 그 노력이 결실을 맺어 이번에 지역 재단 장학생으로 선발돼 **英어**의 본고장인 **英국**으로 유학을 떠날 계획이라고 한다.

QUIZ　영문　영민　영시　⟨영상⟩　영웅　영재

特 특 189p

한자 완성하기 3

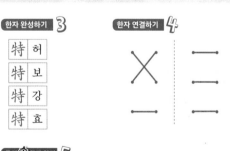

特허　特보　特강　特효

한자 연결하기 4

국어 속 한자 찾기 5

집 앞 학원 건물에 방학 **特강** 현수막이 걸렸다. 이번 강의의 **特징**은 '수포자'에게 **特효**가 있는 **特허** 받은 학습법이라고 한다. 수학 못하는 게 병도 아닌데 **特효**라니…… 엄마는 그렇게 **特별**한 학습법이 있다면 왜 여태 학교 선생님들이 몰랐겠느냐고 말씀하셨다. 그러고는 공부에 **特출**하지 않아도 타인을 배려하는 내가 수학 잘하는 학생보다 더 **기特**하다고 하시며 머리를 쓰다듬어 주셨다.

QUIZ　기특　특징　⟨사특⟩　특색　특보　특기

別 별 191p

한자 완성하기 3

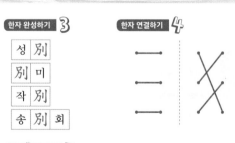

성別　別미　작別　송別회

한자 연결하기 4

국어 속 한자 찾기 5

내일은 서울로 이사 가는 동하와 **작別**하는 날이다. **性別**로 달라도 닮은 점이 많아 어릴 을 때부터 **각別**하게 지내온 동하와 나는 **別명**도 비슷해 사람들이 곧잘 헷갈렸다. 엄마는 **別도**로 우리 둘만의 **송別회**를 마련해 **別미**로 동하에게 카레 떡볶이를 만들어 주셨다. 동하는 우리 엄마표 떡볶이를 참 좋아했는데…… 우리는 언제 다시 만날 수 있을까?

QUIZ　별미　차별　⟨성별⟩　개별　분별　별명

各 (각) 193p

한자 완성하기 3
各種 / 各國 / 各色 / 제各各

한자 연결하기 4

국어⇔한자 찾기 5
오늘은 국어 시간에 **各地**의 장래 희망을 발표했다. 나는 전 세계 **各地**를 여행하며 가지 **各色**의 문화를 체험하고 **各界各層**의 사람들을 만날 수 있는 여행 작가가 되고 싶다고 말했다. 선생님께서는 작가가 되려면 독서를 많이 하고 **各國**의 언어도 배워야 한다고 말씀하셨다. 멋진 풍경을 감상하며 신나게 여행을 즐기면 되는 일이라고만 생각했으니, 괜지 창피했다.

QUIZ: 각기 / 각자 / 각계 / (조각) / 각종 / 제각각

 界 (계) 195p

한자 완성하기 3
세界 / 외界 / 경界 / 교육界

한자 연결하기 4

국어⇔한자 찾기 5
미국의 한 직장 평가 사이트에서 발표한 '유망 직업 순위 50'에서 '데이터 과학자'가 1위를 차지했다. 통계 지식과 분석 능력을 갖춰야 하는 데이터 과학자는 IT **업界**에 속하는 직업이긴 하지만 기업은 물론 **學界**, **정界**, **교육界** 등 다양한 분야의 정보를 활용하고 분석해야 하므로 각 분야의 **경界**를 넘어 사고하는 융합적 사고가 필수적이다.

QUIZ: 자연계 / 외계 / 경계 / 신세계 / (기계) / 한계

部 (부) 197p

한자 완성하기 3
전部 / 내部 / 部품 / 部위

한자 연결하기 4

국어⇔한자 찾기 5
2월 22일 오후 8시 10분경 경남 울산에 있는 자동차 **部品** 생산 공장에서 화재가 발생해 건물이 **全部** 불에 탔다. 당시 이 건물 **內部**에서 근무하던 50명 가량은 화재 발생 경보음을 듣고 **大部**분 무사히 대피했으며 **一部** 부상자가 발생하긴 했지만 현재까지 사망자는 없는 것으로 알려졌다.

QUIZ: 부위 / 남부 / 부류 / 부수 / (기부) / 내부

族 (족) 199p

한자 완성하기 3
가族 / 부族 / 族보 / 귀族

한자 연결하기 4

국어⇔한자 찾기 5
族譜는 한 가문의 **氏族**이나 **同族** 구성원을 조상으로부터 현세대에 이르기까지 부계 중심으로 기록한 책이다. **族譜**는 조선 시대에 활발하게 만들어졌으며 원래 **王族**이나 **貴族**의 전유물이었지만 신분 상승을 꾀한 상민이 **族譜**를 사고팔거나 위조하는 경우가 많았다. 또한 부계 **家族** 집단 중심으로 작성되기 때문에 여성의 이름을 기록하지 않는 등 성차별적 요소도 스며들어 있었다.

QUIZ: 동족 / 부족 / 종족 / 민족 / 유족 / (안족)

 班 (반) 201p

한자 완성하기 3
班장 / 양班 / 합班 / 졸업班

한자 연결하기 4

국어⇔한자 찾기 5
올해 **졸업班**이 된 형은 3년 내내 **班長**을 도맡았지만, 나는 한 번도 **班長**을 한 적이 없다. 형은 수영 **강습班**에 들어가고 얼마 지나지 않아 초급**班**에서 **고급班**으로 **월班**했지만, 나는 몇 달째 중급**班**에 머물고 있다. 그런 우리 형을 사람들은 '모범생'이라 부른다. 하지만 나만 아는 우리 형의 진짜 훌륭한 모습은 다른 데 있다. 형은 매일 밤 부모님 몰래 밖으로 나가 집 앞 공터에서 지내는 길고양이를 돌본다.

QUIZ: 미술반 / 월반 / 합반 / 반열 / (반성) / 양반

理 (리) 203p

한자 완성하기 3
정理 / 처理 / 수理 / 조理

한자 연결하기 4

국어⇔한자 찾기 5
일상생활에서는 셈법만 **理解**해도 충분할 것 같은데 왜 수학은 점점 더 어려워지는 걸까? 수학 문제는 공식을 외우기보다 개념과 **原理**를 터득해야 풀 수 있다. 그래서 수학을 공부하면 추론을 통해 **논理**적으로 생각하는 방법과 **理치**를 터득하는 사고력, 정보 **處理** 능력이 향상된다. **數理** 능력이 뛰어나면 복잡한 기계를 다룰 때도 유용하다.

QUIZ: 조리 / 진리 / 정리 / 수리 / 이해 / (어리)

由 (유) 205p

한자 완성하기 3

자由형 / 경由 / 부자由 / 由서

한자 연결하기 4

국어 속 한자 찾기 5

우리 마을에는 由서 깊은 전통 시장이 있다. 조선 시대 서적에 등장할 만큼 그 由來가 오래된 이 시장은 아직도 전국 각지의 사람들이 찾아온다. 엄마는 퇴근하실 때 항상 이 재래시장을 経由해 장을 봐 오신다. 농산물이 싸고 싱싱하기도 하지만 전통 시장이 앞으로도 오랫동안 유지되었으면 하는 바람이 더 크다는 게 그 理由다.

QUIZ: 사유 / 경유지 / 유지 / 이용 / 자유형 / 부자율

新 (신) 207p

한자 완성하기 3

新입생 / 新기록 / 新곡 / 新간

한자 연결하기 4

국어 속 한자 찾기 5

내 친구는 항상 새로운 것만 찾는다. 그래서인지 휴대폰도 最新형이고 학용품도 전부 新상품이다. 노래도 新인이나 기성 가수의 新곡만 찾아 든다. 매일 新문을 읽으면서 새로운 소식을 접해 또래인 우리가 잘 모르는 新조어도 많이 안다. 新입생 때부터 한결같이 새로운 것만 고집해 온 내 친구는 이름마저 새롭다. 그 친구는 다름 아닌 새롬이다.

QUIZ: 혁신 / 신인 / 신기록 / 신간 / 신형 / 신식

聞 (문) 209p

한자 완성하기 3

신聞 / 백聞 / 소聞 / 후聞

한자 연결하기 4

국어 속 한자 찾기 5

우리 속담 중에 百聞이 불여일견'이라는 말이 있다. '한 번 보는 것이 백 번 듣는 것보다 낫다'는 뜻으로, 직접 보고 깨우친 지식과 들어서 알게 된 정보는 다르다는 말이다. 직접 듣고 보고 경험하면서 見聞을 넓히면 所聞과 風聞을 분별하는 능력이 생긴다. 요즘은 新聞이나 뉴스에서도 확인되지 않은 일들을 사실처럼 전한다고 하니 새로운 정보를 접할 때도 주의가 필요하다.

QUIZ: 견문록 / 호소문 / 풍문 / 미문 / 문인 / 수소문

公 (공) 211p

한자 완성하기 3

公식 / 公연 / 公원 / 公금

한자 연결하기 4

국어 속 한자 찾기 5

우리 아빠는 公중보건 위생을 담당하는 公무원이시다. 온 나라를 떠들썩하게 하는 각종 바이러스 감염병이 발생하면 아빠는 누구보다 바쁘게 일하신다. 전염병 전파 상황을 투명하게 公개하고, 전염병 예방을 위해 국민이 꼭 알아야 할 수칙을 公지하는 데도 여념이 없으시다. 성실하고 公정하게 업무에 임해 표창장을 받으신 적도 있다.

QUIZ: 공연 / 공정 / 공기 / 공개 / 공식 / 공원

共 (공) 213p

한자 완성하기 3

共유 / 共범 / 共동 / 共감

한자 연결하기 4

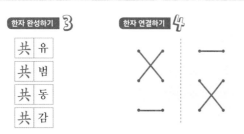

국어 속 한자 찾기 5

4차 산업혁명 시대에는 共용 물건을 두고 共동으로 사용하는 共유 경제가 더 전망이 밝을 것이라는 共감대가 형성되고 있다. 자동차가 대표적인 예다. 요즘은 굳이 자가용을 구입하지 않아도 스마트폰 앱으로 언제 어디서나 필요할 때 共용 자동차를 쓸 수 있다. 에너지 낭비를 줄일 수 있어 共公기관에서도 적극 권장하는 추세다.

QUIZ: 공원 / 공감 / 공범 / 공생 / 공존 / 공동

感 (감) 215p

한자 완성하기 3

感정 / 호感 / 感사 / 感각

한자 연결하기 4

국어 속 한자 찾기 5

시인은 풍부한 感수성과 뛰어난 언어 感각을 지닌 사람이다. 시인은 날카로운 시선으로 주변에서 일어나는 일들을 주의 깊게 관찰하고 이에 民感하게 반응해 '시'라는 언어 예술로 표현한다. 김소월의 〈진달래꽃〉이나 윤동주의 〈서시〉는 많은 이들에게 感동을 선사하고 共感을 이끌어내 거의 매년 국민 애송시로 꼽히고 있다.

QUIZ: 감사 / 호감 / 감독 / 감동 / 동감 / 예감

1

區	分	明	野	淸	英	特	別
구분할 구	나눌 분	밝을 명	들 야	맑을 청	꽃부리 영	특별할 특	다를/나눌 별

各	界	部	族	班	理	由	新
각각 각	지경 계	때 부	겨레 족	나눌 반	다스릴 리	말미암을 유	새 신

聞	公	共	感
들을 문	공평할 공	한가지 공	느낄 감

2

區	分	明	野	淸	英	特	別
구분할 구	나눌 분	밝을 명	들 야	맑을 청	꽃부리 영	특별할 특	다를/나눌 별

各	界	部	族	班	理	由	新
각각 각	지경 계	때 부	겨레 족	나눌 반	다스릴 리	말미암을 유	새 신

聞	公	共	感
들을 문	공평할 공	한가지 공	느낄 감

3

區	分	明	野	淸	英	特	別
구분할 구	나눌 분	밝을 명	들 야	맑을 청	꽃부리 영	특별할 특	다를/나눌 별

各	界	部	族	班	理	由	新
각각 각	지경 계	때 부	겨레 족	나눌 반	다스릴 리	말미암을 유	새 신

聞	公	共	感
들을 문	공평할 공	한가지 공	느낄 감

4 ❶ 分野 ❷ 分明 ❸ 特別 ❹ 共感

5 ④ 聞 - 公 - 新

7급 배정한자 50자

6급 배정한자 50자

지은이

안재윤

성균관대학교 한문교육과 졸업
서울대학교 대학원 국어국문학과 석사 수료

– 주요저서

《기탄 한석봉 한자》, 기탄교육

《기탄 급수한자 빨리 따기》, 기탄교육

《아침을 깨우는 한자》, 어바웃어북

《한자 대왕 수리온》, 주니어김영사

《장원 한자》, 장원교육

《장원 중국어》, 장원교육

《장원 국어랑 독서랑》, 장원교육 외 다수

우리말 어휘력을 키워주는

국어 속 한자 II 하루 한 장의 기적

초판 1쇄 발행 2020년 5월 10일 | **초판 5쇄 발행** 2024년 4월 5일

지은이 안재윤 | **발행인** 김태웅 | **편집 1팀 팀장** 황준 | **기획·편집** 양정화 | **디자인** MOON-C design | **마케팅 총괄** 김철영 | **제작** 현대순

발행처 (주)동양북스 | **등록** 제 2014-000055호 | **주소** 서울시 마포구 동교로22길 14 (04030) | **구입 문의** 전화 (02)337-1737 팩스 (02)334-6624
내용 문의 전화 (02)337-1763 dybooks2@gmail.com

ISBN 979-11-5768-616-2 63710